121⁴

LA FRANCE
CONNUE
SOUS SES PLUS UTILES RAPPORTS,

OU

NOUVEAU DICTIONNAIRE
UNIVERSEL DE LA FRANCE,

DRESSÉ d'après la Carte, en 180 feuilles, DE CASSINY.

PAR M. DUPAIN-TRIEL, *Géographe du Roi, de Monfieur, & du département des Mines, Cenfeur Royal.*

Nous n'ignorons pas qu'il a paru des Dictionnaires qui ont eu, en partie, pour objet le but où nous allons tendre : notamment le *Dictionnaire Univerfel de la France*, en 3 volumes *in-folio*, publié en 1715 ; le *Royaume de France* du fieur Doify, volume *in-4°*, & le *Dénombrement* de ce même Royaume, auffi volume *in-4°*, donné au public, par Saugrain, en 1735. Mais fans reprocher à ces Ouvrages l'omiffion d'un très-grand nombre d'objets, la pofition quelquefois vague & incertaine de ceux qu'on y trouve, & la mauvaife orthographe de plufieurs de leurs noms ; défectuofités qui fuffiroient, ce femble, pour nous autorifer à recommencer ce travail d'après des matériaux plus exacts & plus abondans ; nous dirons feulement que, fans rien omettre de l'effentiel de ces Ouvrages, nous nous ouvrons un champ bien plus vaste & ; nous pouvons le dire , bien plus fructueux que le leur. Nous n'avons de commun avec eux que l'ordre alphabétique dans lequel nous classons les objets : tout le reste de notre Ouvrage leur est étranger , & n'appartient qu'à des vues & à des recherches nouvelles.

Sans doute cette imperfection de leur part a eu sa cause dans la stérilité & l'inexactitude des mémoires qu'ils ont pu recueillir alors.

Mais aujourd'hui que nous possédons , dans la grande carte de France de Cassiny , un fonds de matériaux aussi sûrs qu'abondans ; aujourd'hui que , dans l'Ordre Episcopal , comme dans celui de la Magistrature , les cabinets , les bureaux sont si obligeamment ouverts aux studieux qui s'y présentent sous les auspices de l'utilité publique ; aujourd'hui , que , sous un Ministre dont la sagacité des lumières éclaire le zèle infatigable , le Commerce se donne de nouvelles branches , soit par la navigation intérieure , soit par l'exploitation de nos richesses souterreines , & va bientôt , comme un arbre fécond & robuste , couvrir la France de ses fructueux rameaux ; Pourrions-nous ne pas profiter de circonstances aussi avantageuses , de dispositions aussi favorables , pour tenter d'offrir , s'il est possible , le tableau fidèle d'un Royaume , qui paroîtra toujours d'autant plus digne de son illustration & de sa primauté , qu'il sera considéré sous plus de rapports ?

Voici donc ceux sous lesquels il nous a semblé important de l'envisager.

I°. *Sous ses rapports géographiques & même topographiques* : Ce Dictionnaire donnera d'abord , par ordre alphabétique , le nom de tous les lieux , comme Villes , Bourgs , Villages ou Paroisses & Abbayes contenus dans chaque cahier , correspondant à la feuille de la Carte de France dont il aura le numéro ; la position particulière de tous ces objets ; leurs distances directes ou horisontales à une ou plusieurs Villes principales , ou aux Villages circonvoisins ; la description succincte de leurs environs ; leur proximité des grandes routes & des bois : observant de donner le nom de tous ces lieux selon l'orthographe de la Carte de Cassiny ou de celle des Intendances.

II°. *Sous le rapport de ses grands Bois & de ses Forêts :* A chaque lieu dans le voisinage duquel les uns ou les autres fe trouveront, on en donnera, au moins par approximation, le contenu en arpens de Roi, avec leur diftance des Villages environnans, des routes adjacentes, des Rivières, & des Ports voifins.

III°. *Sous le rapport de fes Chauffées & principaux Chemins.* Nous dirons de quel point ils partent, celui où ils arrivent, leur embranchement, & fur-tout leur éloignement des Villes, des Bourgs, des Villages circonvoifins, & des Ports qui feront à leur proximité.

IV°. *Sous le rapport de fa Navigation intérieure :* Chacun de nos cahiers, correfpondant, comme nous venons de le dire, à une feuille de la Carte de France, offrira le cours & l'étendue des grandes & petites Rivières que cette feuille renfermera partiellement; indiquera leurs finuofités remarquables; dira quels canaux y font établis & ceux qui y font projettés; les Ports qui s'y rencontrent; les points où ces courans d'eau font navigables ou flottables, & à quels points ils pourroient commencer de l'être; ayant, de plus, attention d'indiquer leur diftance des grands chemins, du voifinage des Villes ou Villages riverains.

V°. *Sous le rapport des divers genres de Commerces* établis dans les Villes, les Bourgs & autres lieux confidérables.

VI°. *Sous le rapport de fes Jurifdictions Eccléfiaftiques & Civiles :* A chaque lieu dont on parlera, on dira de quel Diocèfe il dépend, & quels font les Bailliages, Sénéchauffées, Prévôtés ou autres Tribunaux auxquels il reffortit : faifant mention, à l'égard des Villes & des Bourgs, des Communautés Religieufes, & des différens Ordres de Couvens qui y font établis.

VII°. *Sous le rapport de fa Minéralogie :* Nous indiquerons quelle eft la nature du fol de l'un & l'autre cantons déjà obfervés; les diverfes fubftances minéralogiques qu'offre le terrein, & quelles efpèces de mines l'on y trouve.

VIII°. Enfin, *Sous le rapport de fa Population actuelle :* Réfultat où nous arriverons par le calcul des naiffances, des mariages & des morts dans chaque Paroiffe, pendant trois années fucceffives, comme 1781, 82 & 83, d'où nous tirerons par tiers l'évaluation d'une année commune. Les Dictionnaires dont nous venons de parler, ayant omis, presque un cinquième des Paroisses du Royaume, n'ont pu, sans doute, faire entrer en ligne de compte les habitans qu'elles renferment : & c'est cette Partie de la Population, souftraite jusqu'ici du Total de l'Espèce Nationale, que nous allons chercher à faire revivre.

L'impression de ce nouveau Dictionnaire sera de format in-8°., afin que l'on puisse porter avec soi le nombre de cahiers que l'on voudra. Chacun de ces cahiers ne comprendra jamais que les objets renfermés dans la feuille de Cassiny à laquelle il correspondra par son numéro. Ainsi le premier cahier contiendra celle de Paris, N°. 1 : le deuxième, la feuille de Compiegne, N°. 2 : le troisième, la feuille de Fontainebleau, N°. 3 : sans toutefois nous astreindre à les publier par suite de ces numéros même : aimant mieux interrompre l'ordre numérique, pour présenter de préférence les cahiers les plus intéressans. Par exemple, quoique la feuille de Rouen ne soit que la 27.me dans l'ordre des numéros, nous pourrons bien en donner la description pour le quatrième cahier, toujours en lui affectant le numéro auquel il correspond dans la Carte de France. A l'instar de ce que M. de Cassiny a fait en publiant sa Carte, nous ne distribuerons aussi nos cahiers que l'un après l'autre ; afin que le curieux ou le lecteur intéressé, fasse le choix qu'il lui plaira, & ne soit pas contraint d'acheter ce qui pourroit lui être inutile, ou ce dont il ne se soucieroit pas.

De l'Imprimerie de L. CELLOT, rue des Grands-Augustins, 1785.

Avec Approbation & Privilege du Roi.

LA FRANCE

CONNUE

SOUS SES PLUS UTILES RAPPORTS,

OU

NOUVEAU DICTIONNAIRE

UNIVERSEL DE LA FRANCE;

DRESSÉ d'après la Carte, en 180 feuilles, DE CASSINI.

PAR M. DUPAIN-TRIEL, *Géographe du Roi, de Monsieur, & du département des Mines, Censeur Royal.*

A PARIS,

Chez
{ L'AUTEUR, Cloître Notre-Dame;
L. CELLOT, Impr.-Libr. pour l'Art Militaire, le Génie, l'Artillerie, l'Architecture, le Dessin, &c., rue des Grands-Augustins.

Avec Approbation & Privilége du Roi.

1786.

NOTE PRÉLIMINAIRE.

CE premier Cahier offre la description de la Feuille de Paris, la première de la grande Carte de France, généralement connue sous le nom de Carte de Cassini ; laquelle compose 180 feuilles au moins, dressées sur une même échelle, à raison d'une ligne pour 100 toises, mesure du Châtelet de Paris, & imprimées sur papier grand-aigle.

Chacune de ces feuilles a 40 mille toises ou 20 lieues de long d'Orient en Occident, sur 25 mille toises ou 12 lieues & demie du Midi au Nord ; ce qui produit 250 lieues de surface renfermées dans ce rectangle. On observera que pour se procurer un calcul plus aisé, on a fixé dans tout cet Atlas la lieue à 2000 toises, non-seulement à cause que cette quantité est celle que l'on donne à la lieue des environs de Paris, mais encore, parce que la distance de l'un à l'autre objet est ici calculée sur une ligne directe ou horisontale, comme les Ingénieurs-Géographes le pratiquent dans leurs opérations ; c'est-à-dire, qu'on y fait abstraction des montées & des descentes qu'occasionne l'inégalité du terrein ; ce qui, en semblant sur la Carte ne présenter à l'œil que des lieues très-courtes, donne souvent sur le terrein, parcouru selon ses hauts & ses bas, des lieues au contraires fort longues.

Remarquons ici en passant que c'est, en grande partie, à ces descentes & à ces montées, ainsi

A

qu'aux divers détours à quoi elles obligent, que l'on doit rapporter les longueurs si différentes entre les lieues des diverses Provinces du Royaume. La route, par exemple, de Paris à Tours se faisant par la Beauce & en plat pays le long des bords de la Loire, sera parcourue en moitié moins de tems peut-être qu'on n'en mettra à parcourir la même quantité de lieues dans les montagnes de l'Auvergne & du Dauphiné : il n'y a pas cependant moins de lieues en lignes horisontales de Paris à Tours, que de Vichy à Rhodès en traversant l'Auvergne, ou que de la Tour-du-Pin à Barcelonette en passant par le Dauphiné.

Que si les bornes milliaires que MM. les Intendans des Provinces prennent soin aujourd'hui de faire placer sur les grandes routes de leurs Généralités, sont effectivement plantées également à mille toises l'une de l'autre ; c'est que, conformément à l'objet qu'ils avoient en vue, il falloit que l'intervalle entre ces bornes fût mesuré en suivant exactement le profil du terrein dans tous ses talus & ses développemens. Ces mêmes intervalles des bornes mesurés aujourd'hui tels qu'ils sont par des lignes horisontales ou par cultellation, se trouveroient presque tous inégaux entr'eux.

Une autre observation qu'il est essentiel de faire, quant à cet Ouvrage, c'est que les distances où nous dirons que peut être un Lieu quelconque des Villes ou Villages circonvoisins, seront toujours calculées d'après son clocher, & non d'après ses environs, qui peuvent s'étendre plus ou moins. Ainsi quand nous dirons qu'Antony, par

(5)

exemple, eft à 300 toiſes à l'Oueſt du grand
chemin d'Orléans, nous partons d'après la poſi-
tion de ſon clocher ; car autrement nous ne par-
lerions pas exactement, puiſque ce grand chemin
a des maiſons de l'un & de l'autre côté, dépen-
dantes du même Village, & qu'il faudroit dire
alors que ce chemin paſſe au milieu d'Antony
même. Notre manière de compter les diſtances
par l'éloignement des clochers nous a paru plus
ſûre, & ſuffit ce ſemble à la deſcription des objets
cités.

Nous dirons encore, pour prévenir tous les
doutes, que les feuilles de la Carte de Caſſini
étant toutes orientées de la même manière, il fau-
dra que le Lecteur ſuppoſe toujours dans nos deſcriptions le Nord ou Septentrion devant lui, le
Midi ou Sud dans une oppoſition diamétrale &
derrière lui ; l'Orient ou l'Eſt à ſa droite, &
l'Occident ou l'Oueſt à ſa gauche. Revenons à
l'objet principal.

Cette feuille-ci, Nᵒ. Iʳᵉ, qui contient Paris &
ſes environs, offre donc ſur un terrein de 250
lieues de ſurface, d'abord cette immenſe & ſu-
perbe Capitale, pluſieurs autres petites Villes,
comme Saint-Denis en France, Meulan, Pontoiſe, Lagny, Brie-Comte-Robert, Chevreuſe,
&c. ; nombre de magnifiques châteaux, & de
vaſtes parcs, qui, juſqu'à certain point, ſemblent
n'être que les jardins de Paris ou ſes fauxbourgs
continués & embellis : mais nous n'entrerons
dans aucune de ces deſcriptions qui ne ſeroient
que curieuſes, afin de ne nous occuper que du
détail des objets utiles.

A ij

Plusieurs belles rivières ornent le tableau que nous présente cette feuille. La principale, & en même tems celle qui s'y distingue davantage par la longueur de son cours & la limpidité de ses eaux, c'est la Seine : elle prend sa source auprès de Chanceaux en Bourgogne, & a son embouchure dans la mer au Havre-de-Grace. Elle entre dans cette feuille par le bord méridional, non loin du village de Saint - Germain - sous - Etiolle qu'elle laisse à droite, & de la grande route de Fontainebleau qu'elle côtoie à sa gauche, & passant par Paris va jusqu'à la bordure occidentale sur une direction du Sud - Est au Nord - Ouest ; elle décrit une route si tortueuse, spécialement en sortant de la Capitale, que sur une distance directe de 20 lieues, elle en parcourt 36 au moins : elle est navigable dans toute cette longueur.

Ce fameux courant d'eau reçoit dans son sein plusieurs rivières, dont la plus considérable est la Marne, ensuite l'Oise, l'Yères, l'Orge, le ruisseau de Bièvre & celui de Maudres, qui s'y rend presque vis-à-vis de Meulan.

La Marne, qui a sa source en Champagne à Saint-Vallier, à une lieue & demie de Langres, entre dans cette feuille par la bordure orientale, & fait les plus grands détours avant d'arriver à Charenton, lieu de son confluent avec la Seine. Cette rivière ne se prêtera à une bonne navigation, que quand plusieurs canaux & son curement vaincront la résistance que son fond inégal & très encombré apporte aux vues & aux besoins que l'on a de la rendre propre au commerce :

elle parcourt environ 18 lieues en lignes finueufes fur 8 lieues qu'elle auroit directement. On y avoit, auprès de Paris, projetté un canal, qui eût parti du village de Gournai, fitué fur la rive gauche de cette rivière, mais il n'a pas été éxécuté.

L'Oife, qui a fa fource dans la Thiérache, vient par la bordure du Nord tomber prefque perpendiculairement dans la Seine, entre Con-flans-Sainte-Honorine à droite & Maurecourt à gauche, au Midi de l'un & l'autre Village, & ne parcourt guère que 4 lieues fur cette feuille.

L'Yères, petite rivière très-tortueufe qui naît dans la Brie, fe jette dans la Seine au Sud de Villeneuve-Saint-Georges, ferpente dans plus de 20 lieues de terrein, fur une longueur qui prife directement n'en auroit que 9.

L'Orge, autre petite rivière qui afflue dans la Seine à l'Eft du village d'Athis, n'a rien de re-marquable, non plus que la Maudres, dont le nom eft oublié fur la Carte de Caffini. Quant au ruiffeau de Bièvre, les belles teintures que pro-curent fes eaux lui méritent une confidération plus particulière qu'on n'en doit au ruiffeau d'Y-vette, qui fe jette dans la rivière de l'Orge, & qui n'eft guère qu'un filet d'eau.

Actuellement obfervez combien de Routes en avenues & de grands chemins pavés partent de tous les fauxbourgs de la Capitale pour vous con-duire dans les Villes de Province ? Commencez-vous par le Nord ? Vous voyez les routes plantées d'arbres qui paffent, l'une par Saint-Denis pour gagner Beaumont-fur-Oife, l'autre par Lou-vres, la troifième par Dammartin, la quatrième par Pontoife, entre le Nord & l'Oueft. Regardez-vous vers l'Eft ? Vous avez celle qui conduit à Meaux, celle qui paffe par Lagny, une autre par le bourg de Tournam pour aller à Rofoy en Brie, & une quatrième au Sud-Eft qui mène à Provins. Tournez-vous au Midi ? Vous voyez celle de Melun, celle de Fontainebleau, celle d'Orléans, de laquelle fe détache la route qui mène à Dourdan. Enfin, vous dirigez-vous vers l'Oueft ? Alors s'ouvrent devant vous la magnifique & majeftueufe route de Paris à Verfailles par Neuilly, celle de Rambouillet, la route de Dreux, celle de Saint-Germain-en-Laye, & celle de Meulan.

A l'air de grandeur qu'imprime au voifinage de la Capitale le coup-d'œil de toutes ces grandes routes, & celui que procurent au loin dans la campagne les courans d'eau qui s'y promènent, joignez les maffes des forêts & des bois qui vous environnent, les agréables châteaux dont les villages font enrichis, les plaines immenfes qui en coupant diverfement le terrein jettent la plus fatisfaifante variété fur l'afpect des objets que l'horifon préfente ; vous aurez en idée l'apperçu du fuperbe enfemble de cette première Feuille qui a Paris pour centre.

Au refte, il faut avoir fait par approximation le calcul de tous les bois qui s'y trouvent, pour pouvoir fe perfuader qu'ils occupent prefqu'un cinquième de fa furface. A la vérité, il y en a beaucoup qui ne compofant que de vaftes Parcs, comme celui de Verfailles, de Saint-Cloud, de Meudon, de Sceaux, &c. font pour ainfi dire couler la Seine à une demi-lieue à l'ouest, & est à une forte lieue au nord de Poissy. Son terrein offre du quartz & du granit roulés. Il est du diocèse de Chartres, de l'élection de Paris, & du ressort du Châtelet. Ann. commune, naiss. 1ʳᵉ, mar. 57, mor. 2, feux 77.

Amboile, village à trois lieue Est de Paris, & une lieue & demie au sud, se voit près de la Seine, qu'il laisse à l'ouest; est sur une route particuliere de Chenevieres à Noiseau; voit passer la route de Charenton à Tournam, & est au nord du petit ruisseau de Morbra. Il est orné d'un parc & d'un château ; ses environs offrent de la pierre meuliere & du grès. Il est du diocèse & de l'élection de Paris. Ann. comm., naiss. 5, mar. 2, mor. 7, feux 33.

Andilly, à une forte lieue à l'ouest de Paris, & à quatre lieues trois quarts au nord, se remarque au bas de la côte de la forêt de Montmorency; a le bourg de ce nom à une demi-lieue au midi; Marjency à l'ouest, & la forêt au nord. Il est à la source d'un petit ruisseau, & beaucoup d'habitations particulieres embellissent ses environs. On y trouve du sable & de la pierre meuliere. Il est du diocèse, & de l'élection de Paris. Ann. comm., naiss. 7, mar. 5, mor. 6, feux 93.

Andresis, à 5 fortes lieues à l'ouest de Paris, & à 4 au nord, se distingue sur le bord de la Seine, au midi du confluent de cette riviere & de l'Oise. Cette Paroisse a Poissy à deux lieues, au midi; le chemin de Boisemont à l'ouest, & le village de Maurecourt à une dem-l. au nord. Sa longue côte, à l'ouest d'Andresis, est assez renommée pour les vins : ce qui rend cet endroit & les hameaux qui l'entourent, fort peuplés. On y trouve du quarz. Il est du diocèse & de l'élection de Paris, ressort du Châtelet. Année commune, naiss. 46, mariage 9, mor. 44, feux 467.

Asnieres, est sur la rive gauche de la Seine, à une petite lieue à l'ouest de Paris, & deux lieues au nord. Ce village, vis-à-vis d'une île sur la riviere, est embelli par un parc & un château ; est dominé par une côte à l'ouest, & a au midi Clichy-la-Garenne de l'autre côté de la riviere, que l'on passe dans un bac. On y trouve du Granit & du caillou roulés. Il est du diocèse & de l'élection de Pa-

ufines. Par - là on éclairera en quelque forte le
Commerce & la Navigation fur les facilités de
fe mouvoir & de s'étendre ; par - là pourra
s'établir une communication circulaire de fecours
& d'échanges entre les Provinces ; communication qui ne peut manquer de porter l'abondance
par tout.

A quelques caufes que foient dûs nos progrès
rapides dans les Sciences exactes, la naiffance
de plufieurs Arts prefqu'auffi - tôt perfectionnés
que créés, les découvertes dans l'Hiftoire Naturelle, lefquelles occupent aujourd'hui tant de
bras dans les atteliers de l'Induftrie ; applaudif-
fons-nous d'avoir fu mettre en valeur des tréfors
que nos Pères euffent laiffé enfouis. Si nous nous
fommes peut-être donné des befoins nouveaux
qu'ils n'avoient pas, nous nous fommes en re-
vanche procuré des reffources qu'ils n'ont point
fu découvrir.

A propos d'Hiftoire Naturelle, ce n'eft pas
dans cette feuille qu'on peut efpérer des détails
bien curieux en Minéralogie. Des marnières,
des glaizières, des plâtrières, font ce qu'on y
voit davantage. Son terrein offre beaucoup de
pierres meulières, de grès, de pierre à fufil, de
talc & de quartz. Nous citerons les endroits où
ces matières fe trouvent plus abondamment, d'a-
près la Carte des environs de Paris qu'a publiée
feu M. Guettard, & que nous avons dreffée dans
le tems.

Quant à la population (que nous eftimerons
cahier par cahier en commençant par celui-ci),
on fent bien qu'elle doit être beaucoup plus con-

fidérable aux environs de Paris que par-tout ail-
leurs. L'opulence des particuliers qui ont des
châteaux ou des maisons de plaisance dans tous
les Villages à 10 lieues au moins à la ronde, ne
peut qu'y attirer ou y fixer l'Habitant de la Campagne, qui leur louant ses bras ou son industrie,
& leur vendant chèrement ses denrées sans sortir
de son champ, ne tarde guère, sinon à devenir
riche comme eux, du moins à se mettre à l'abri
de l'indigence, qui en accable tant d'autres dans
les Provinces éloignées. Or, ce que nous ne di-
rions pas de la Capitale, nous pouvons le dire
de la Campagne ; c'est que plus d'aisance conduit
à plus de Population.

Nous avons fait remarquer dans notre *Prof-
pectus*, que nous avions deux moyens également
clairs pour arriver à l'estimation approchée de
cette Population regardée comme actuelle : savoir,
1°. par le nombre des feux comptés sur chaque
Paroisse, Etat que veut bien nous procurer M.
Berthier pour sa Généralité ; 2°. par l'évaluation
des naissances, des mariages & des morts, année commune, non - seulement dans ces mêmes
Paroisses, mais encore dans toute la France, à
mesure que notre Dictionnaire avancera. C'est à
l'égard de ce dernier article que nous devons
payer en public notre tribut de reconnoissance
au respectable & laborieux Magistrat chargé de
la partie de la Population du Royaume, qui nous
fait la faveur signalée de nous en procurer des
états tout dressés pour chacun de nos cahiers.
Et certes, si nous n'étions pas aussi puissamment
secourus à divers égards, notre projet, qui n'eût

pu être qu'imparfaitement rempli , eut été aban-
donné aussi-tôt que conçu ; aussi supplions-nous
les personnes éclairées dans l'une ou l'autre des
parties qu'embrasse notre Dictionnaire , de nous
communiquer leurs lumières ou leurs observa-
tions. Nous croyons avoir auprès d'elles un titre
de recommandation qu'elles n'ont jamais mé-
connu : l'utilité publique , à laquelle nous desi-
rons consacrer ce Dictionnaire.

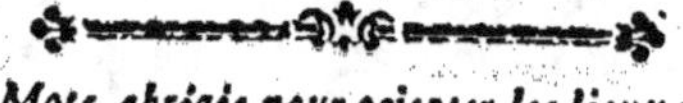

Mots abrégés pour orienter les lieux :

E. signifiera Est : O. Orient : M. Midi : S. Sud : Oc.
Occident : Ou. Ouest : N. Nord : Sep. Septentrion.

Nous donnons toujours dans cette feu'lle deux direc-
tions différentes pour déterminer la position des objets :
l'une du Midi au Nord , l'autre d'Orient en Occident ;
& c'est le point où ces deux lignes se coupent qui
détermine cette position : Par exemple , voulant trou-
ver Ablon : je m'éloigne , comme l'indique son article ,
à 3 lieues au Midi de Paris , & , à ce point , m'écartant
d'une lieue & demi à l'Est , je trouve à l'intersection de
ces deux distances l'objet cherché qui est *Ablon.*

LA FRANCE
CONNUE
SOUS SES PLUS UTILES RAPPORTS.

Feuille des Environs de **PARIS**, N°. I.

A.

Ablon, à trois lieues au midi de Paris, & à une
lieue & demie à l'Est, est situé au bord de la Seine, qu'il
laisse au midi ; voit passer la route de Fontainebleau à
trois quarts de lieue à l'ouest ; a Ville-Neuve-le-Roi, au
nord, & Ville-Neuve-Saint-Georges à l'Est, de l'autre
côté de la riviere. Ablon a un bac sur la Seine, laquelle
en y arrivant a déjà parcouru quatre lieues de terrein, à
partir du midi de cette feuille-ci. Ses environs renferment
du silex, du granit & du quartz roulé. Ce village est du
diocése & de l'élection de Paris, ressort du Châtelet. L'année commune y donne 8 pour les naissances, 2 pour les
mariages, & 10 pour les morts. On y compte 37 feux.

Achéres, à cinq lieues Ouest de Paris, & trois & demie
au nord, se trouve près de la forêt de Saint-Germain,
qu'il laisse à l'est sur un bornage de trois quarts de lieue
au nord, & d'une lieue & demie au midi. Ce village voit

couler la Seine à une demi-lieue à l'ouest, & est à une forte lieue au nord de Poissy. Son terrein offre du quarz & du granit roulés. Il est du diocèse de Chartres, de l'élection de Paris, & du ressort du Châtelet. Ann. commune, naiss. 1., mar. 57, mor. 2, feux 77.

Amboile, village à trois lieue Est de Paris, & une lieue & demie au sud, se voit près de la Seine, qu'il laisse à l'ouest; est sur une route particuliere de Chenevieres à Noiseau; voit passer la route de Charenton à Tournam, & est au nord du petit ruisseau de Morbra. Il est orné d'un parc & d'un château; ses environs offrent de la pierre meuliere & du grès. Il est du diocèse & de l'élection de Paris. Ann. comm., naiss. 5, mar. 2, mor. 7, feux 33.

Andilly, à une forte lieue à l'ouest de Paris, & à quatre lieues trois quarts au nord, se remarque au bas de la côte de la forêt de Montmorency; a le bourg de ce nom à une demi-lieue au midi; Marjency à l'ouest, & la forêt au nord. Il est à la source d'un petit ruisseau, & beaucoup d'habitations particulieres embellissent ses environs. On y trouve du sable & de la pierre meuliere. Il est du diocèse, & de l'élection de Paris. Ann. comm., naiss. 7, mar. 3, mor. 6, feux 93.

Andresis, à 5 fortes lieues à l'ouest de Paris, & à 4 au nord, se distingue sur le bord de la Seine, au midi du confluent de cette riviere & de l'Oise. Cette Paroisse a Poissy à deux lieues, au midi; le chemin de Boisemont à l'ouest, & le village de Maurecourt à une dem-l. au nord. Sa longue côte, à l'ouest d'Andresis, est assez renommée pour les vins : ce qui rend cet endroit & les hameaux qui l'entourent, fort peuplés. On y trouve du quarz. Il est du diocèse & de l'élection de Paris, ressort du Châtelet. Année commune, naiss. 46, mariage 9, mor. 44, feux 457.

Anières, est sur la rive gauche de la Seine, à une petite lieue à l'ouest de Paris, & deux lieues au nord. Ce village, vis-à-vis d'une île sur la riviere, est embelli par un parc & un château; est dominé par une côte à l'ouest, & à au midi Clichy-la-Garenne de l'autre côté de la riviere, que l'on passe dans un bac. On y trouve du Granit & du caillou roulés. Il est du diocèse & de l'élection de Paris, ressort du Châtelet, en partie. Ann. comm., naiss. 11, mar. 3, mor. 19, feux 68.

Annet, à sept lieues Est de Paris, & deux lieues & demie au nord, se trouve sur la rive droite de la Marne, à une lieue & demie au nord de Lagny, & au bas de la côte qui suit cette riviere. Il y a un prieuré, ordre de Cluny. Une chaussée part d'Annet pour aller joindre la grande route de Meaux. Ce village, qui a un parc & un château, est du diocèse de Meaux, de la généralité de Paris, élection de Meaux, ressort du Châtelet. On trouve dans ses environs, de la pierre meuliere, du plâtre & des quartz roulés. Ann. comm., naiss. 31, mar. 6, mor. 25, feux 137.

Antony, à deux lieues & demie au sud de Paris, & un peu à l'ouest, se trouve sur une côte, près & à l'ouest de la route d'Orléans, & à deux cents toises au nord du ruisseau de Bièvre. Il a le parc de Sceaux au nord, & Fresnes avec son parc à l'Est. Il voit à son midi le pavé de Palaiseau s'embrancher dans la grande route d'Orléans. C'est un pays à sable. Diocèse & élection de Paris, ressort du Châtelet. Ann. comm., naiss. 45, mar. 9, mor. 31, feux 179.

Arcueil, à deux lieues au sud de Paris, est au bas de la côte, & près du ruisseau des Gobelins, entre ce ruisseau & la route d'Orléans. Il est fameux par ses excellentes eaux qui viennent de Rungis, & par l'aqueduc qu'y fit bâtir Marie de Médicis en 1624. On y trouve de la pierre de taille. Il est du diocèse & de l'élection de Paris, ressort du Châtelet. Ann. comm., naiss. 51, mar. 9, mor. 40, feux 234.

ARGENTEUIL, Bourg à trois lieues au nord de Paris, & une lieue & demie à l'ouest, est sur le bord de la Seine, qui baigne ses murs au midi, vis-à-vis d'une ile où se trouve un bac. C'est un prieuré dépendant de l'abbaye de Saint-Denis, & à la nomination du Roi. Il a, outre l'abbaye, une paroisse & trois couvents, dont l'un d'Augustins déchaussés, l'autre de Bernardines, & le troisieme d'Ursulines. Ce canton est vignoble, & a des carrieres à plâtre. Diocèse & élection de Paris, ressort du Châtelet. Année commune, naiss. 214, mar. 34, mor. 261, feux 1090.

Arnouville, à quatre lieues au nord de Paris, & une

lieue & demie à l'orient, se remarque à l'Eſt de St.-Denis en France, ſur la route de cette ville à Goneſſe, d'où il n'eſt qu'à une demi-lieue au midi. Il eſt au bas de la côte, ſur le ruiſſeau du Rouillon; a Bonneuil & la route de Senlis, à l'eſt, à une demi-lieue, & Garges au ſud. Arnouville a un château & un parc fort étendu. On y trouve de la craie. Diocèſe & élection de Paris, reſſort du Châtelet. Ann. comm.. naiſſ. 14, mar. 2, mor. 11, feux 68.

Athis, à trois lieues & demie au ſud de Paris, & une lieue à l'eſt, ſur la riviere d'Orge, eſt au haut de la côte à une demi-lieue de la route de Fontainebleau, qu'il voit paſſer à l'oueſt. Il eſt entre Ablon, ſa ſuccurſale au nord, & Juviſy au midi, & eſt décoré d'un parc & d'un château. C'eſt à ſa hauteur que la riviere d'Orge ſe jette dans la Seine, à l'eſt, à quatre cents toiſes. On y trouve du granit roulé. Il eſt du diocèſe, de la généralité & de l'élection de Paris, reſſort du Châtelet. Ann. comm., naiſſ. 17, mar. 3, mor. 21, feux 84, & Mons ſon annexe 51.

Attilly, à cinq lieues trois quarts à l'Eſt de Paris, & trois lieues au ſud, ſe trouve ſur un bras du ruiſſeau appellé le Réveillon, à une lieue au nord-eſt de Brie-Comte-Robert, & preſqu'autant à l'oueſt du bois d'Armainvilliers. Il a le village de Chevry au ſud-eſt, & auprès celui de Ferolles au nord-oueſt, à même diſtance, & un bois de vingt arpens environ, au midi. Diocèſe & élection de Paris, reſſort du Châtelet. C'eſt un canton à pierres incultures. Ann. comm., naiſſ. 5, mar. 1, mor. 4, feux 13.

Aubergenville, eſt ſitué à une lieue & demie au ſud-oueſt de Meulan; à demi-lieue de la Maudre, riviere; à trois quarts de lieue de la Seine, au nord, & cinq cents toiſes du chemin de Meulan à Maulle. Il voit Flins à ſon Eſt, à demi-lieue, & Epône au couchant, à une lieue. Beaucoup d'habitations enrichiſſent ſes environs. Aubergenville eſt du diocèſe de Chartres, généralité de Paris, élection de Mantes, reſſort du Châtelet. Ann. comm., naiſſ. 15, mar. 5, mor. 17, feux 114.

Aubervilliers, à deux lieues au nord de Paris, & trois quarts de lieue à l'orient, ſe trouve entre la route de St.-Denis & celle de Senlis, au milieu de la plaine. Un chemin pavé conduit de ce village à la grande route de Senlis.

lis. Aubervilliers est aussi nommé *Notre-Dame des Vertus.*
Les PP. de l'Oratoire y ont un séminaire. Ce canton est
sableux. Il est du diocèse & de l'élection de Paris, ressort
du Châtelet. Ann. comm., naiss. 75, mar. 33, mor. 50,
feux 357.

Aunay, à trois lieues E. de Paris, & autant au
nord, se trouve entre deux petits ruisseaux au nord de
la forêt de Bondy, & tout près d'un chemin pavé, partant de la route de Senlis pour aller vers Meaux. Aunay
a un château, & un petit bois d'une vingtaine d'arpens.
De belles avenues conduisent de ce lieu aux villages voisins le Blanc-Mesnil à l'ouest-nord, & Ville-Pinte au
nord-est. C'est un pays à sable. Diocèse & élection de
Paris, ressort du Châtelet. Ann. comm., naiss. 15, mar. 4,
mor. 12, feux 90.

Aunay, à neuf bonnes lieues à l'Ou. de Paris, &
deux lieues & demie au nord, se remarque sur la Maudre.
Il est à une lieue à l'ouest de la forêt des *Alluets*, de neuf
cents arpens environ, & à une petite lieue au nord de
Maulle, entre les routes de Meulan & de Mantes. Diocèse de Chartres, Gen. de Paris, élection de Mantes,
ress. du Chât. Ann. comm., naiss. 7, mar. 2, mor. f. 67.

Auteuil, à une lieue & demie au couchant de Paris,
& six cents toises au nord, se trouve sur la route de Paris
à Sèvres, laissant à l'ouest le bois de Boulogne, dont le
bornage, de ce côté, s'étend à une lieue vers le nord. Ce
lieu voit couler la Seine au midi, & n'en est séparé que
par la grande route. Il a pour Seigneurs les Génovéfains.
Il abonde en jolies maisons de campagne, & les gens de
letres y vont encore voir celle qu'occupa l'immortel Boi-
leau. Diocèse, élection de Paris, ressort du Châtelet. On
y trouve de la marne & de la pierre coquillière. Ann.
comm., naiss. 38, mar. 9, mor. 32, feux 169.

Auteuil, à neuf lieues & un quart au couchant de Paris, & trois cents toises au nord, se voit au midi de
Marq, & à une demi-lieue du Bois de Beine, route de
Meulan à Montfort-l'Amaury, laquelle passe à l'ouest &
tout auprès. Ce village est en plaine, où se trouvent
quelques fermes. Diocèse de Chartres, généralité de Paris, élection de Montfort. Ann. comm., naiss. 13, mar.
3, mor. 14, feux 120.

PARIS, N°. I.　　　　　　　　　　　B

B.

BAgneux, à une lieue au sud de Paris, & une demi-lieue au couchant, s'élève, à une demi-lieue de la route d'Orléans, sur le plateau de la hauteur de Châtillon, qui est auprès, à l'ouest. Il a Fontenay - aux - Roses au sud-ouest, & Bourg-la-Reine au midi. La position de ce lieu le fait dominer sur la plus belle campagne. On y trouve de la pierre de taille. Diocése & élection de Paris, ressort du Châtelet. Ann. comm., naiss. 19, mar. 4, mor. 14, feux 100.

Bagnolet, à une lieue & demie à l'E. de Paris, & une lieue au nord, est un lieu de promenade pour le peuple. Il est entre Montreuil, à l'E., & Charonne à l'Ou., & au nord de tous deux, dans le fond d'un agréable vallon. Le parc qu'il a à son midi, est de plus de soixante arpens. C'est une route du fauxbourg St. Antoine, passant par Charonne, qui y conduit. On trouve à Bagnolet de la pierre à plâtre. Il est du diocése & de l'élection de Paris, ressort du Châtelet. Ann. comm., naiss. 36, mar. 8, mor. 25, feux 202.

Bailly, à neuf lieues à l'E. de Paris, un peu vers le nord, se trouve à deux grandes lieues sud-est de Lagny, au nord d'un bois d'environ cinquante arpens, & entre le village de Magny, au nord, & Ville-Neuve-le-Comte au midi. Il a un château, & est dans la plaine. Diocése & généralité de Paris, élection de Rosoy, ressort du Châtelet. Ann. comm., naiss. 8, mar. 2, mor. 5, feux 41.

Bailly, à près de cinq lieues au couchant de Paris, est sur la route de Roquencourt à Maulle, & à trois quarts de lieue à l'ouest de celle de Versailles à Marly ; touchant au nord la forêt de ce dernier endroit, & se trouvant entre Roquencourt à l'E., & Noisy au nord-ouest. Ce village est dans la plaine. Diocése de Chartres, généralité & élection de Paris. Ann. comm., naiss. 17, mar. 4, mor. 12, feux 188.

Balainvilliers, à quatre lieues & demie au sud de Paris, & près d'une lieue à l'occident, est placé à une demi-lieue au midi de Lonjumeau, & tout près à l'E. de la grande route d'Orléans. Il est sur le bord d'un petit ruisseau & a, à l'ouest, un bois d'environ quarante arpens.

Il voit Epinay-sur-Orge à son E., & Villejust à l'ouest, à une forte lieue. C'est un pays à pierre meulière & à plâtre. Diocèse & élection de Paris, ressort du Châtelet. Ann. comm., naiss. 13, mar. 3, mor. 10, feux 72.

Basemont, à près de neuf lieues au couchant un peu nord de Paris, voit la forêt des Alluets à l'E., & est sur le penchant d'une éminence circulaire, ainsi que son château. Il est à une demi-lieue à l'E. de la rivière de Maudres & de la route de Flins à Maulle. Il a ce village de Maulle au midi, & celui d'Aunay à l'ouest. Diocèse de Chartres & élection de Paris, ressort du Châtelet. Ann. comm., naiss. 10, mar. 3, mor. 10, feux 87.

Basoches, est à neuf lieues à l'ouest de Paris, & une lieue & demie au sud; voit Montfort-l'Amaury à une lieue à l'ouest, & est sur sa route. Il domine sur le haut de la côte qui borde la Maudre, & a un bois d'une quarantaine d'arpens, au nord. Ce village est environné de beaucoup d'objets. Il est du diocèse de Chartres, généralité de Paris, élection de Montfort. Ann. comm., naiss. 15. mar. 5, mor. 11, feux 141.

Baubigny, à deux lieues de Paris, entre l'est & le nord, voit la grande route de Meaux passer à trois cents toises au midi. Il est dans la plaine, avec un château & un enclos : est au milieu de Grand-Drancy, au nord, de Bondy à l'est, de Noisy-le-Sec au midi, & de Pantin à l'ouest. Baubigny est du diocèse & de l'élection de Paris, ressort du Châtelet. Ann. comm., naiss. 15, mar. 2, mor. 8, feux 43.

Beaubourg, que l'on trouve à près de six lieues à l'orient de Paris, est un village orné d'un château & d'agréables environs. Il est au midi & près de la route du pont de Saint-Maur, sur la Marne à Villiers, Malnoue & Ferrieres. Il est en plaine, vers l'ouest ; a un château & de belles avenues. Il voit à son midi le bois d'Armainvilliers. Diocèse & élection de Paris. Ann. comm., naiss. 2, mar. 2, mor. 2, feux 14.

Beauvoir, à dix lieues à l'orient de Paris, & presqu'au bas de la feuille, se trouve à une demi-lieue au midi du bourg de Chaulmes ; est au milieu de la plaine, à l'angle de deux chemins particuliers ; voit le village de Pequeux au midi, celui de Verneuil à l'ouest, & la rivière d'Yeres au nord, Diocèse de Sens, généralité de Paris, élection de Refoy, ressort du Châtelet. Ann. comm., naiss. 12, mar. 1, mor. 7, feux 77.

Beine, à près de neuf lieues à l'ouest de Paris, & une demi-lieue au nord, se voit sur le ruisseau de Maudres à trois lieues au-dessous de sa source. Il a Tiverval à l'E., & Montainville au nord, à une lieue. Le bois qui porte son nom, & qui est à l'ouest, peut être de huit cents arpens, & celui au nord de celui-ci, de cent vingt. Diocèse de Chartres, généralité de Paris, élection de de Monfort. Ann. comm., naiss. 31, mar. 9, mor. 43, feux 179.

Belleville, à près d'une lieue à l'Est de Paris, & une lieue au nord, se remarque dans une plaine haute, au bas de laquelle sont de vastes carrieres à plâtre. Cet endroit est aujourd'hui comme une petite ville, par le nombre d'habitans qu'y ont amené sa situation & ses charmantes promenades. A son E. & tout auprès, est le lieu appellé Menil-Montant, dont le parc a environ 100 arpens. C'est un pays à grès coquillier, & à pierre à plâtre. Diocèse & élection de Paris, ressort du Chât. en partie. Ann. comm., naiss. 137, mar. 30, m. 108, f. 438.

Bellevue, château royal à deux lieues au couchant de Paris, & à demi-lieue au sud, a été bâti avec son parc, par les ordres de Louis XV, sur une éminence qui domine la Seine & toute la partie du nord. On y monte par la route de Sevres, & par le chemin d'Issy. Le bois qui est à son midi, & que borde la route de Versailles, a environ deux cents arpens. On y trouve de la pierre meuliere & de la calcaire. Ce lieu dépend de Meudon.

Bercheres, à cinq lieues & demie à l'E., un peu sud de Paris, se trouve au milieu d'une plaine, entre le village de Roissy, à l'E., celui de la Queue à l'ouest-sud, & celui d'Emery au nord. A son midi passe le petit ruisseau de Morbra. Il est du diocèse & de l'élection de Paris. Ann. comm., naiss. 0, mar. 0, mor. 0, feu 1.

Besons, à deux grandes lieues à l'ouest de Paris, & autant au nord, se voit sur la Seine, où il a un bac, à une lieue au midi d'Argenteuil. Il est orné d'un parc & d'un château. La plaine qui l'environne est un terrein vignoble , mais qui n'a aucun objet remarquable. Son terrein sableux offre du quartz. Diocèse & élection de Paris. Ann. comm. , naiss. 27, mar. 3 , mor. 17, feux 125.

Bessancourt, à cinq lieues & demie au nord de Paris, & deux lieues vers l'ouest, se voit dans la plaine, au bas de la côte , & tout près de la forêt de Montmorency , entre le village de Taverny au midi , & celui de Frepillon au nord. La garenne de Bessancourt , qui est éloignée à l'ouest de l'église d'une grande demi-lieue , est de plus de deux mille arpens. On trouve à Bessancourt de la pierre à plâtre. Diocèse & élection de Paris, ressort du Châtelet. Ann. comm. , naiss. 32 , mar. 4 , mor. 29, f. 209.

Béthemont , à six lieues au nord de Paris , & une lieue & demie à l'occident, est tout auprès de la forêt de Montmorency , qu'il a à l'E. , & se trouve entre le village de Chauvry , à droite , & celui de Frepillon à gauche. Il a un château au midi , au bord de la forêt. C'est un pays à plâtre & à pierre meulière. Diocèse , généralité & élection de Paris. Ann. commun. , naiss. 3 , mar. 1 , mor. 3 , feux 41.

Biefvres , à deux lieues & demie à l'occident de Paris , & autant au sud , se trouve sur la rivière du même nom , & à l'angle de deux chemins pavés, dont l'un va à Paris , & l'autre à la route de Sceaux à Versailles. Le bois de Verières est à son orient, & celui de Vauhallan à l'ouest-sud. La rivière de Biefvres est vantée pour l'excellente teinture de ses eaux. On y trouve de la pierre meulière & une fontaine plâtreuse. Diocèse & élection de Paris, ressort du Châtelet. Ann. comm., naiss. 39 , mar. 4 , mor. 42 , feux 130.

Blanc-Mesnil , à deux lieues & demie à l'est de Paris , & 3 lieues au nord, se voit en plaine entre la route de Senlis & celle de Grand-Drancy à Saint-Mesme. Il a le village d'Aunay à l'est-sud, & le Bourget au sud-ouest. Il est orné d'un parc, d'un château, de belles avenues , & d'un bois de vingt arpens, à peu-près , au midi. Diocèse & élection de Paris, ressort du Châtelet. Ann. com., naiss. 2 , mar. 1 , mor. 6 , feux 15.

Bois d'Arcy , à six lieues à l'ouest de Paris , & une lieue au sud, se découvre dans la plaine, ayant l'abbaye de Saint-Cyr à l'E. , les bois de petit d'Arcy au nord, celui de Clayes de cent arpens, à l'ouest, & les étangs d'Arcy au sud. Diocèse & élection de Paris.Ann. com., naiss. 7, mar. 4, mor. 10, feux 47.

Boisemont est entre Pontoise, au nord-est, & Meulan, au sud-ouest, à deux lieues & demie de l'un & l'autre. Il voit aussi de ces deux côtés couler la Seine au sud-ouest, & l'Oise à l'E., à peu-près à une lieue d'éloignement. Il est sur le penchant d'une longue côte; Triel au midi, & un bois de deux cents arpens environ, & est au commencement d'une route qui va à Poissy. Diocèse de Chartres, généralité de Paris, élection de Mantes, ressort du Châtelet, Ann. comm., naiss. 6, mar. 2, mor. 5, f. 23.

Boissy (St.-Léger), à trois lieues un quart à l'E. de Paris, & deux lieues & demie au sud, est sur le bord de la route de Charenton à Brie-Comte-Robert; a à l'occident le château de Brevanne & son bois, d'environ cent arpens; & au midi, le bois qui porte son nom, & qui a environ mille arpens. Au midi de ce village est le château de Gros-Bois. On y trouve du sable & du grès. Diocèse, généralité & élection de Paris. Ann. comm., naiss. 15, mar. 5, mor. 16, feux 61.

Bondy, se trouve à deux lieues & un quart à l'est de Paris, & une lieue & demie au nord, sur la route de Meaux, & à une demi-lieue à l'ouest de la forêt qui porte son nom. Cette forêt contient environ douze cents arpens. Bondy a un parc & un château. Diocèse & élection de Paris, ressort du Châtelet. Ann. comm., naiss. 20, mar. 5, mor. 13, feux 86.

Bonnelles, sur la route de Dourdan, à six lieues au midi de Paris, & autant à l'ouest, est couvert par une côte au nord; a le village de Bullion à l'ouest, & le bourg de Rochefort à une lieue au midi sur l'autre feuille, avec le commencement au nord de la forêt d'Angervilliers. Diocèse de Chartres, généralité de Paris & élection de Dourdan, ressort du Châtelet. Ann. comm., naiss. 65, mar. 8, mor. 40, feux 126.

Bonneuil, appellé Bonneuil-en-France, à quatre lieues au nord-est de Paris, est à une demi-lieue au midi du bourg de Gonesse, sur le bord du ruisseau le Rouillon, & sur un chemin pavé qui mene à celui de Senlis. Il a Arnouville de l'autre côté du ruisseau, & Garges au midi. Diocèse & élection de Paris, ressort du Châtelet.

Ann. comm., naiſſ. 18, mar. 3, mor. 18, feux 149.

Bonneuil-ſur-Marne, à trois lieues à l'E. de Paris, & une lieue & demie au ſud, ſur le ruiſſeau de Morbra qui forme une île avec la Marne, n'eſt qu'à deux cents toiſes du chemin de Creteil à Boiſſy, voit ce village de Boiſſy au midi, & la Marne au nord, à une demi-lieue. Il a un petit parc & un château. On trouve à Bonneuil de la pierre meulière. Diocéſe & élection de Paris, reſſort du Châtelet. Ann. comm., naiſſ. 9, mar. 3, mor. 5, feux 27.

Bouaffle, à huit lieues & demie à l'oueſt de Paris, & une lieue au midi de Meulan, a le village de Chapet à une lieue à l'E., & celui de Flins à une demi-lieue à l'oueſt-ſud. Il eſt ſur le penchant d'une côte, au bas de laquelle commence au nord une vaſte plaine, & où ſe trouve un bois de cent arpens environ. Diocéſe de Chartres, élection de Paris, reſſort du Châtelet. Ann. comm., naiſſ. 39, mar. 6, mor. 46, feux 39.

Bouffemont, à ſix lieues au nord de Paris, & près de la méridienne à l'oueſt, ſe trouve à mi-côte de la forêt de Montmorency, qu'il touche à l'E. Il a le village de Daumont au midi, & celui de Chauvry au nord : il domine ſur une vaſte plaine au ſud-eſt, & a, à une lieue du même côté, la route de Beaumont. On trouve à ſon midi, dans la forêt de Montmorency, de la pierre meulière. Diocéſe & élection de Paris, reſſort du Châtelet. Ann. comm., naiſſ. 8, mar. 3, mor. 8, feux 52.

Boulogne, beau village à une lieue trois quarts de Paris, & un quart au ſud, ſe rencontre ſur la route de Paris à Saint-Cloud, & près du bois à l'E., auquel il donne ſon nom de Boulogne. Ce bois qui a deux mille arpens, ſe nommoit autrefois bois de Rouvray, & la paroiſſe, Menus-lez-Saint-Cloud. On a bâti dans ce bois, ſous Louis XIV, le château de Madrid. Dioécſe & élection de Paris. Ann. comm., naiſſ. 129, mar. 26, m. 80, f. 416.

Bouqueval, à cinq lieues au nord de Paris, & une lieue & demie à l'orient, ſe remarque dans la plaine, à une lieue au nord de Goneſſe, à demi-lieue à l'E. de la route de Chantilly, & dans un canton de belles avenues. Il eſt décoré d'un château. Dioécſe & élection de Paris. Ann. comm., naiſſ. 6, mar. 1, mor. 3, feux 49.

Bourgival, eſt à trois lieues & demie à l'oueſt de Paris,

à demi-lieue à l'eft de Louvecienne, & une lieue & demie au fud-eft de Saint-Germain. Il a la Seine & la route du Pecq à quatre cents toifes au nord, le village de la Selle au midi, & à l'E. le commencement d'un bois confidérable. On y trouve de la pierre de taille & de la meuliere. Diocéfe & élection de Paris. Ann. comm., naiff. 25, mar. 4, mor. 27, feux 196.

BOURG - LA - REINE, à une lieue & demie au fud de Paris, un peu à l'oueft, fe trouve fur la route d'Orléans & fur un petit ruiffeau qui fe jette à l'E. dans la riviere des Gobelins. Ce bourg eft entre les villages de l'Hay & Sceaux, au midi, Fontenay & Bagneux au nord. Ce n'é-toit autrefois qu'un fimple village ; mais la pofte qui y eft établie, la grande route & la proximité du beau lieu de Sceaux en ont fait un endroit confidérable. On y trouve de la pierre à plâtre. Diocéfe & élection de Paris, reffort du Chât. Ann. comm., naiff. 22, mar. 6, mor. 27, f. 122.

Breuil, à neuf lieues nord - oueft de Paris, & deux lieues de Meulan, du même côté, eft fur un ruiffeau qui fe perd dans la Seine auprès de cette derniere ville. Breuil a le village de Montalet au nord, & celui d'Oinville à l'E. A fon midi eft un bois de plus de quatre cents arpens. Diocéfe de Chartres, généralité de Paris, élection de Mantes. Ann. comm., naiff. 8, mar. 1, mor. 8, f. 58.

Brie-fur-Marne, à trois lieues & demie à l'E. de Paris, eft fur la route pavée qui va de Saint-Maur à Noify. Il voit Villiers au fud-eft, & Nogent à l'oueft, de l'autre côté de la riviere, qu'il touche à l'oueft dans le grand contour qu'elle y fait. Brie a un château & un bac fur la Marne, au bas de la côte riveraine de laquelle ce village eft placé. Diocéfe & élection de Paris. Ann. comm., naiff. 11, mar. 2, mor. 11, feux 94.

BRIE - COMTE - ROBERT (ville) à la jonction de la route de Provins & de celle de Melun, eft à cinq lieues à l'E. de Paris, quatre lieues au fud, & une demi-lieue au nord de la riviere d'Yeres. Elle eft le fiege d'une Juftice royale, d'une châtellenie, d'un bailliage & d'un grenier-à-fel. Elle n'a qu'une paroiffe & un couvent de Minimes. Il s'y tient un marché confidérable. On y trouve de la pierre meuliere & de la coquilliere, de la glaife & de la marne. Diocéfe & élection de Paris, reffort du Châtelet pour les cas présidiaux. Ann. comm., naiss. 99, mar. 20, mor. 105, feux 440.

Briis-Vaugrigneuse, à six lieues au sud de Paris, & quatre lieues vers l'ouest, se trouve à l'extrémité d'un chemin pavé, qui part de Gometz-la-Ville; est sur un petit ruisseau, & entre le village de Fontenay, à l'E., & celui de Forges à l'ouest. Briis a au nord un bois d'environ cent arpens. Il est du diocèse & de l'élection de Paris, ressort du Châtelet. Ann. comm., naiss. 20, mar. 3, mor. 17, feux 144.

Brou, à cinq lieues à l'E. de Paris, & à une lieue & demie à l'ouest de Lagny, est sur la route qui mene de Paris à cette derniere ville. Il a des pieces d'eau, un château & un parc : à son E. se trouve un bois de près de six cents arpens en diverses parties. On trouve dans ce canton de la pierre coquilliere & du silex roulé. Diocèse & élection de Paris, ressort du Châtelet. Ann. comm., naiss. 4, mar. 2, mor. 3, feux 25.

Brunoy, village sur la riviere d'Yeres, est à trois lieues à l'E. de Paris, & quatre au sud, situé dans une espece d'anse que forme-là cette tortueuse riviere. Brunoy est au midi d'Yeres, & à l'ouest d'Epinay, sur la même riviere. Il y a un beau parc. Les villages d'Epinay, de Boussy, de Mandres, & l'abbaye d'Yeres, embellissent cet endroit, appartenant à MONSIEUR, frere du Roi. Diocèse & élection de Paris, ressort du Châtelet pour les cas présidiaux. Ann. comm., naiss. 39, mar. 7, mor. 37, feux 160.

Buc, sur l'un des bras de la Bièvre, à une lieue au sud de Versailles, ayant à son nord & aux environs près de huit cents arpens de bois, se trouve comme entouré d'un chemin pavé qui vient de Versailles, passe à Guyencourt, & se termine à Port-Royal. Buc à quatre lieues ouest-sud de Paris, est un pays à sable & à grès. Diocèse & élection de Paris. Ann. comm., naiss. 35, mar. 8, mor. 32, feux 127.

Bullion, à six lieues à l'ouest de Paris, & autant au sud, se rencontre au midi d'un petit ruisseau, & à trois quarts de lieue de la route de Dourdan & du village de Bonnelles. Il est dans une espece de bassin que forme une côte du côté du nord, & a le village de la Selle au nord-ouest, avec plusieurs parties de bois au nord. Diocèse de

Chartres, généralité de Paris, élection de Dourdan. Ann. comm., naiss. 25, mar. 8, mor. 21, feux 129.

Bures, à trois lieues à l'ouest de Paris, & quatre lieues au sud, paroît sur la rivière d'Yvette, & près de la route de Dourdan, entre Orsay, Gif & Gometz - la - Ville; ayant deux petits bois au midi, de deux cents arpens. C'est un canton à pierre meulière. Diocèse & élection de Paris. Ann. comm., naiss. 14, mar. 3, mor. 21, feux 80.

Bussy-Saint-Antoine, sur la rivière d'Yeres, au fond de l'anse qu'elle y forme, & où elle a un pont, est à deux lieues à l'ouest de Bric-Comte-Robert, ayant Mandres au nord, Brunoy & Epinay à l'ouest, & Quincy au midi. C'est dans l'espace qu'ont entr'elles la Seine & l'Yerès, entre Ormoy au midi, Montgeron au nord, Brunoy ou Boussy à l'est, & Soisy à l'ouest, que s'élève la grande forêt de Senart qui contient aux environs de six mille arpens, & où l'on rencontre abondamment de la pierre meulière. Diocèse & élection de Paris. Ann. comm., naiss. 8, mar. 2, mor. 12, feux 39.

Bussy-Saint-Georges, à six lieues trois quarts à l'est de Paris, & un quart de lieue au nord, se trouve à une grande lieue au midi de Lagny; voit le village de Conches au nord, celui de Collégien à l'ouest, & celui de Jossigny à l'E. Une belle avenue conduit à celui de Guermantes au nord. Diocèse & élection de Paris, ressort du Châtelet. Ann. comm., naiss. 14, mar. 3, mor. 15, feux 100.

Bussy-Saint-Martin, est à six lieues & demie de Paris, & une petite lieue au midi de Lagny. Il est sur la route du village de Champs à Conches; à celui de Saint-Germain-des-Noyers à l'ouest, celui de Gouverne au nord, & la rivière de Marne du même côté, à une lieue. Diocèse & élection de Paris, ressort du Châtelet. Ann. com., naiss. 8, mar. 1, mor. 7, feux 14.

C.

*C*Arnetin, à six lieues trois quarts à l'E. de Paris, & une lieue au nord de Lagny, est près du bord de la Marne qui décrit un grand contour jusqu'à Anet, à une petite lieue au N. Au M., Carnetin a un bois de cinquante arpens, & à l'Ou. le bois de Pomponne, qui se joint à celui de Brou. Diocèse & élection de Meaux. Ann. comm., naiss. 7, mar. 1, mor. 7, feux 39.

Carrieres-sous-Bois. Il est sur le bord de la Seine, à une demi-lieue de Poissy au M., autant de la forêt de Saint-Germain à l'E. de l'autre côté de la riviere, & à un quart de lieue de la route, à l'Ou. de Poissy à Meulan. Dans cet endroit la Seine offre deux bras paralleles, dont la jonction est presque circulaire du côté de Poissy. Cet endroit aborde en granit reculé & en pierre coquilliere. Diocèse de Rouen, élection de Paris, feux 94.

Carrieres-Saint-Denis, est sur le bras de la Seine, depuis Croissy jusqu'à Argenteuil, & vis-à-vis d'une longue ìe que la riviere y forme. Carrieres qui a un château, est à deux lieues au S.-Ou. d'Argenteuil, autant de Saint-Germain à l'Ou., & à trois lieues à l'Ou.-N. de Paris. Il a Chatou au S., à l'Ou. le bois de Vesinet, & au N. le village de Houilles, dont il est l'annexe. Diocèse & élect. de Paris. Ann. comm., naiss. 33, mar. 8, m. 27, f. 221.

Cernay-La-Ville, à sept lieues à l'Ou. de Paris, & deux grandes lieues à l'Ou. S. de Chevreuse, se trouve au M. d'un bras de l'Yvette, & a au N. un bois de cent arpens & le village de Senlisse. Il est dominant sur une vaste plaine, où se trouvent beaucoup d'objets. C'est un pays à pierre meuliere. Diocèse & élection de Paris. Ann. comm., naiss. 19, mar. 1, mor. 9, feux 67.

Chaillot, à trois quarts de lieue Ou.-N. de Paris, est un lieu charmant par ses points de vues, ses maisons, ses promenades, & sa proximité de la Capitale. Il a au M. l'aspect de la riviere; au N. la superbe avenue allant du pont-tournant à Neuilly; à l'E. Paris, & à l'Ou. le bois de Boulogne. C'est tout près de là qu'est construite la machine à feu pour la conduite, dans tout Paris, des eaux clarifiées. On trouve dans ce canton de la pierre coquilliere & des corps fossiles. Diocèse & élection de Paris, prévôté royale. Feux 220.

Chalifer, à huit lieues à l'E. un peu N. de Paris, & aussi à l'E. de la Marne, qui se contourne en cet endroit, n'est qu'à une lieue & demie à l'E. de Lagny, voit au M. la route qui passe par cette ville pour aller à Meaux, a le village de Chessy au M., celui de Coupevray à l'E.,

& celui de Leches au N. On y trouve de la pierre co-quillicre. Diocèse & élection de Meaux, Gen. de Paris, reffort du Châtelet. Ann. comm., naiff. 12, mar. 2, mor. 12, feux 77.

Chambourcy, à cinq lieues & demie à l'Ou. de Paris, eft à une demi-lieue au M. de Poiffy, à une lieue à l'Ou. de Saint-Germain, & près de la route de cette dernicre ville à Mantes. Un des côtés de la forêt de St.-Germain s'étend à l'E. fur trois quarts de lieue de long. Diocèse & élection de Paris. Ann. comm., naiff. 24, mar. 6, mor. 17, feux 132.

Champs-fur-Marne, à cinq lieues à l'E., un peu N. de Paris, eft fur la route de Brie-fur-Marne à Conches. Il a un joli parc & un château, n'eft qu'à cinq cents toifes au M. de la Marne, & a à fon M. le bois du Boulay d'environ deux cents arpens. Diocèse & élection de Paris, reffort du Chât. Ann. comm., naiff. 9, mar. 1, mor. 10, f. 77.

Champdeuil, à fept lieues à l'E. de Paris, & prefqu'autant au S., eft ifolé dans une vafte plaine. Il voit à trois quarts de lieue un des contours de la riviere d'Yeres; a le village de Fourches à l'Ou., & celui de Guigne à l'E., avec la chauffée de Provins. Diocèse de Sens, Gen. de Paris, élection de Melun. Ann. comm., naiff. 19, mar. 3, mor. 17, feux 104.

Champigny, à trois lieues à l'E. de Paris, & une demi-lieue au S., fe trouve près de la Marne & fur la chauffée allant à Tournam. Il a à fon M. le bois de Saint-Maur de l'autre côté de la riviere; à fon N.-E. le village de Villiers, & à l'E. le joli bois de Cœuilly de plus de deux cents arpens. On y trouve du grès, de la pierre meulicre & du fable. Diocèse & élection de Paris, reffort du Châtelet. Ann. comm., naiff. 40, mar. 11, mor. 32, f. 249.

Champlan, à trois lieues trois quarts au S. de Paris, & une grande lieue à l'Ou. de la route d'Orléans, de laquelle fe détache un pavé qui mene à ce village. Il voit l'Yvette paffer à fon M.; a Palaifeau à l'Ou., & Sceaux-les-Chartreux au S. On y trouve de la pierre meulicre. Diocèse & élection de Paris, reffort du Châtelet. Ann. comm., naiff. 20, mar. 5, mor. 17, feux 94.

Chanteloup, à fept lieues & demie à l'E. un peu N. de Paris, eft à une lieue au M. de Lagny, touchant à un bois au N., de près de trois cents arpens, ayant le village de Conches de l'autre côté d'un petit ruisseau à l'Ou., & celui de Jossigny au M. Diocèse & élection de Paris, ress. du Chât. Ann. comm., naiss. 3, mar. 1, mor. 4, feux 14.

Chanteloup-Triel, à cinq lieues trois quarts à l'Ou. de Paris, & quatre lieues au N., se trouve sur la route de Poissy à Menucourt, & sur le penchant du grand côteau qui le couvre du N. Il a Triel à l'Ou., & Andresis à l'E. On y trouve des coquilles fossiles roulées. Diocèse & élection de Paris, ressort du Châtelet. Ann. comm., naiss. 28, mar. 7, mor. 31, feux 94.

Chapelle-Villers-sur-Orge, à cinq grandes lieues au S. & un peu à l'Ou. de Paris, voit passer à quatre cents toises à l'Ou. la route d'Orléans, & n'est qu'à une demi-lieue au N. de Monthléry. La rivière d'Orge coule à l'E. & tout auprès. Ce canton abonde en grès & en sable. Diocèse & élection de Paris. C'est l'annexe du village de Long-Pont. Feux 22.

Chapet, à sept lieues & demie à l'Ou. de Paris, & une lieue & demie au M. de Meulan, est sur le haut d'une côte, & non loin du ruisseau qui coule au bas. Il a le village de Bouafle à l'Ou., celui de Vernouillet à l'E., & au N. le bois de Verneuil. Diocèse de Chartres, élection de Paris. Ann. comm., naiss. 16, mar. 3, mor. 11, feux 83.

CHARENTON, Bourg à une lieue & demie à l'E. de Paris, & une demi-lieue au sud, est presque au confluent de la Seine & de la Marne, sur laquelle il a un beau pont où passe la grande route de Brie-Comte-Robert. Auprès sont deux couvents, l'un de Religieuses, l'autre de Carmes Déchaussés. Il est du diocèse & de l'élection de Paris, ressort du Châtelet. On y trouve de la pierre meulière & coquillière. Saint-Maurice est sa paroisse, & il a le joli hameau des Carrieres dans son voisinage. Feux 382.

Charmentré, à huit lieues à l'E. de Paris, & trois lieues au N., touche à la Marne au haut de l'anse que forme là cette riviere. Il voit au N., à quatre cents toises, passer la grande route de Meaux; a le village de Précy au M., celui de Trilbardou à l'E., & celui de Fresne à l'Ou.-S. Diocèse, Gen. de Paris & élection de Meaux. Ann. comm. naiss. 8, mar. 1, mor. 8, feux 36.

Charny, à huit lieues à l'E. de Paris, & quatre au N.,

fe trouve dans la plaine à près d'une lieue au N. de la grande route de Meaux. Il a Charmentré au M., Villeroy au N.-E., & la Commanderie-le-Temple au S. Ou. Diocèfe, Gen. de Paris & élection de Meaux, reffort du Châtelet. Ann. com. naiff. 15, mar. 4, mor. 8, feux 36.

Charonne, à une lieue un quart à l'E. de Paris, eft fur la route de Bagnolet, & fait prefque fuite avec le fauxbourg Saint-Antoine. Sa proximité de Paris y attire l'affluence du peuple qui y va en promenade. Diocèfe & élection de Paris, reffort du Châtelet. Ann. comm., naiff. 44, mar. 10, mor. 38, feux 272.

CHATEAUFORT, Bourg où fe trouvent deux paroiffes, à quatre lieues & demie à l'Ou. de Paris, & trois lieues au M. Il eft fur le haut d'une côte, au bas de laquelle paffe un des bras de l'Yvette. Il a le village de Touffu au N., celui de Magny à l'Ou., & un petit bois au M. Il offre encore quelques reftes de l'aqueduc de Maintenon. On y trouve de la pierre meuliere. Diocèfe & élection de Paris. Ann. comm., naiff. 7, mar. 3, mor. 9, feux 54.

Châtenay, à deux lieues au S. de Paris, entre le bois de Verrieres à l'Ou., & le bel endroit du parc de Sceaux-Penthièvre à l'E. Il a au N. le Pleffis-Piquet, & Antony au M. Ce canton eft fableux. Diocèfe & élection de Paris, reffort du Châtelet. Ann. comm., naiff. 15, mar. 6, mor. 35, feux 106.

Châtillon, à une lieue & demie à l'Ou. de Paris, & prefqu'autant au S., paroît fur une hauteur d'où fe découvre un magnifique horifon. Il domine Bagneux à l'E., Fontenay-aux-Rofes au S., & Clamart à l'Ou. Il voit paffer près de lui une route qui part du Petit-Montrouge & s'arrête à Biefvres. M. le Maréchal de Croy y a fait élever un Obfervatoire. On trouve à Châtillon de la pierre meuliere & à plâtre. Diocèfe & élection de Paris, reffort du Châtelet. Année comm., naiff. 33, mar. 7, mor. 25, feux 125.

Châtre, à huit lieues & demie à l'E. de Paris, & trois & demie au S., fe trouve dans la plaine entre deux grands bois ; l'un au N. d'environ trois cents arpens, & l'autre au M., de près de cinq cents. Ce village a celui de Fontenay à l'E., & celui de Liverdis au S.-Ou. Il eft à deux lieues à l'Ou. de Rofoy. Diocèfe de Meaux

Gen. de Paris, élection de Roſoy. Ann. comm., naiſſ. 15, mar. 2, mor. 11, feux 36.

Chattou, à trois lieues à l'Ou. de Paris, & une lieue à l'E. de Saint-Germain, eſt ſur le bord de la Seine, où il a un beau pont. Le contour circulaire que décrit cette riviere, eſt à une demi-lieue au M. de Chattou, qui a à l'Ou. le bois de Veſinet d'environ mille arpens. Diocèſe & élection de Paris, reſſort du Châtelet. Ann. comm., naiſſ. 32, mar. 7, mor. 41, feux 221.

Chavenay, à ſix lieues & demie à l'Ou. de Paris, un tant ſoit peu au N., ſe trouve ſur un des bras de la Maudre, riviere, & au M. de la route de Roquencourt à Mantes. Ce village a au N., à l'Ou., & à l'E., une grande plaine; a le village de Feucherolles à l'Ou.-N., & celui de Saint-Nom à l'E. Diocèſe & élection de Paris. Ann. comm., naiſſ. 15, mar. 2, mor. 9, feux. 90.

Chaville, maiſon royale, eſt à deux lieues & demie à l'Ou. de Paris, & une lieue au S. Son parc fort étendu, touche à celui de Meudon. Il a Viroflay à l'Ou., & au M. Velify de l'autre côté du bois: au N. eſt celui des Fauſſes-Repoſes de onze à douze cents arpens. On trouve à Chaville de la pierre coquilliere & des coquilles foſſiles. Diocèſe & élection de Paris. Ann. comm., naiſſ. 27, mar. 3, mor. 25, feux 94.

CHAULMES, bourg, à neuf lieues & demie à l'E. de Paris, & quatre lieues trois quarts au S., ſe trouve ſur la riviere d'Yeres qui baigne ce bourg au M. Il eſt à la jonction de la route de Melun, de celle de Provins, & celle de Crecy. Ce bourg a une abbaye de Bénédictins, & l'abbé eſt Seigneur de l'endroit. Chaulmes eſt du diocèſe de Sens, Gen. de Paris, élection de Roſoy. Ann. comm., naiſſ. 62, mar. 10, mor. 40, feux 208.

Chauvry, à ſix grandes lieues au N. de Paris, & deux lieues & demie à l'Ou., touche à la forêt de Montmorency du côté du N.; a le village de Bouffemont à l'E., & celui de Bethemont à l'Ou. Il eſt à la ſource d'un petit ruiſſeau, & dans le vallon où ce ruiſſeau ſerpente. Diocèſe & élection de Paris. Ann. comm., naiſſ. 14, mar. 1, mor. 12, feux 60.

Chelles & ſa célebre abbaye, eſt à cinq lieues à l'E. de Paris, une lieue au N., ſur la route de Vincennes à Lagny. Elle eſt à une demi-lieue au N. de la Marne, dont elle est séparée par de vastes prairies. Une éminence presque circulaire la couvre du côté du N. Cette abbaye est de l'ordre de Saint-Benoît. Elle a été fondée par Sainte-Batilde en 660. On y trouve de la pierre à plâtre & de la pierre coquilliere. Diocèse & élection de Paris, ressort du Châtelet. Naiss. 34, mar. 6, mor. 31, feux 258.

Chenevieres-lès-Louvres, à six lieues au N. de Paris, & quatre lieues à l'E., se remarque dans la plaine à une lieue à l'E. de Louvres ; voit le village d'Epiais au M., & celui de Mauregard au S.-E. Ce village a une chapelle & un château. Il a de belles avenues dans ses environs. Dioc. & élect. de Paris. Naiss. 5, mar. 1, mor. 3, f. 31.

Chenevieres-sur-Marne, à trois lieues & demie de Paris, & une lieue au S., se trouve sur la route qui partant de Noiseau au M., va par Amboile communiquer avec celle de Champigny à Tournam. Ce village est près de la Marne, où cette riviere semble retourner sur ses pas du côté de Saint Maur. Il a Amboile au M., & la route à Tournam à l'E. Diocèse & élection de Paris, ressort du Châtelet. Naiss. 19, mar. 3, mor. 13, feux 123.

Chessy, à huit lieues à l'E. de Paris, & à une lieue aussi à l'E. de Lagny, est sur la route de cette ville à Cressy & à Meaux. Il est à trois cents toises de la Marne, entre Chalifer au N.-E., & Montevrain au S.-Ou. Il est orné d'un parc & d'un château. On y trouve de la pierre coquilliere & de la pierre meuliere. Diocèse & élection de Paris, ressort du Châtelet. Naiss. 12, mar. 2, mor. 9, feux 81.

Chevilly, à une grande lieue & demie au S. de Paris, est sur un chemin particulier qui va de la route de Fontainebleau à Sceaux-Penthièvre. Ce village est dans la plaine, au M. de Villejuif, au N. de Rungis, & au S.-E. de l'Hay. Il n'est qu'à quatre cents pas de la route de Fontainebleau. Diocèse & élection de Paris, ressort du Châtelet pour les cas présidiaux. Naiss. 9, mar. 1, mor. 5, feux 208.

CHEVREUSE, Ville dans le Hurepoix ; à six petites lieues à l'Ou. de Paris, & trois lieues & demie au S., sur la riviere d'Yvette, dans le vallon de laquelle elle est située. Elle a au N. & tout auprès d'elle le grand bois de Trapes. Versailles en est à trois lieues & demie au N.
Ce

Ce canton donne de la pierre meuliere & du grès. Diocèse & élection de Paris, ressort du Châtelet pour les cas présidiaux. Naiss. 66, mar. 12, mor. 59, feux 317.

Chevry, à six lieues à l'E.-S. de Paris, & à une lieue & demie au N. de Brie-Comte-Robert, est dans une grande plaine à la source d'un petit ruisseau. Il a Attilly à l'Ou., Cossigny au S., & le bois d'Armainvilliers à l'E.-N. On y trouve de la pierre meuliere. Diocèse & élection de Paris. Naiss. 18, mar. 4, mor. 16, feux 85.

Chilly, à quatre lieues au S. de Paris, & à une demi-lieue au N. de Lonjumeau, est un endroit charmant par son parc, ses jardins & ses routes de communication. Il a Morangis à l'E. & a à l'Ou., à un quart de lieue, la grande route d'Orléans. Diocèse & élection de Paris, ressort du Châtelet. Naiss. 29, mar. 6, mor. 35, feux 78.

Choisel, à six lieues Ou. de Paris, & à une forte demi-lieue au M. de Chevreuse, est tout près d'un bois bien percé & enclos d'une muraille, lequel a environ quatre cent vingt arpens. Il est entre le village de Senlisse, à l'On., & celui de les Trous à l'Est. On y rencontre du grès. Diocèse & élection de Paris. Naiss. 13, mar. 3, mor. 12, feux 82.

Choisy-le-Roi, ou *sur-Seine*, maison royale que Louis XV a fait magnifiquement embellir. Sa situation sur la riviere, son parc, son château, ses appartemens & ses environs, tout en fait une demeure digne de nos Rois. Il est à deux lieues au S.-E. de Paris. Il a deux églises, un bac sur la Seine, & une chauffée de communication. On y trouve de la pierre meuliere & du granit roulé. Diocèse & élection de Paris, ressort du Châtelet pour les cas présidiaux. Naiss. 43, mar. 10, mor. 42, feux 176.

Clamart-sous-Meudon, à une lieue & demie à l'Ou. de Paris, & une lieue au S., se trouve au fond d'un petit vallon où un foible ruisseau prend sa source. Il a à l'Ou, & un peu au M., le bois de Meudon, & à son E., le village élevé de Châtillon. Ce canton offre de la pierre meuliere & de la pierre de taille. Diocèse & élection de Paris. Naiss. 41, mar. 9, mor. 34, feux 206.

Claye, à six lieues à l'E. de Paris, sur la grande route de Meaux, est sur un ruisseau qui va se perdre au M. dans la Marne. Il est entouré de plusieurs objets, a le village de

Souilly au N. , celui d'Annet au S.-E., & le bois de Monfaigle à l'Ou. Diocéfe de Meaux, gén. de Paris, & élection de Meaux, reffort du Châtelet. Naiff. 26, mar. 7, mor. 21, feux 130.

Clichy-la-Garenne, à deux lieues au N. de Paris, entre Villiers, au S. , & Saint-Ouen au N.-E., fe trouve prefque vis-à-vis d'Anieres & de fes iles dans la Seine, & à cinq cents toifes de la route du bois de Boulogne à Saint-Denis. C'eft dans ce lieu qu'eft mort Saint-Ouen, & où le Roi Dagobert époufa Comerude, fa premiere femme. Ce canton fournit du grés, du fable & de la pierre coquilliere. Diocéfe & élection de Paris, reffort du Châtelet. Naiff. 92 , mar. 24, mor. 52, feux 192.

Clichy-en-Launoy, à quatre lieues à l'E. de Paris, & deux lieues au N. , fe trouve dans l'enclave de la forêt de Bondy, à une demi-lieue au M. de Livry, & une lieue de Vaujours au N. Il a Courberon à l'E. , & Montfermeil au M. Diocéfe & élection de Paris , reffort du Châtelet. Naiff. 5, mar. 3, mor. 3, feux 23.

Clignancourt, n'eft qu'une chapelle à une lieue au N. de Paris. Il a fes environs garnis de jolies maifons de plaifance. Il eft au bas de Montmartre, du côté du N ; & c'eft à fon N. à lui-même qu'on trouve un terrein fableux. Il eft comme un aide de Montmartre.

Coignieres, à près de huit lieues à l'Ou. de Paris, & deux lieues & demie au S. , fe rencontre fur la route de Trapes à Rambouillet, ayant à l'Ou. , à une demi-lieue, le village Saint-Remy. Coignieres eft dans la plaine. Diocéfe de Chartres, gén. de Paris, élection de Montfort. Naiff. 9, mar. 3 , mor. 14, feux 51.

Collegien , à fix lieues & un quart E. de Paris, fe trouve dans la plaine entre Croiffy , au M., & Torcy au N. La grande route qui va du pont de Saint-Maur à Ferrieres, paffe au M. à cinq cents toifes. C'eft un pays de plaine. Diocéfe & élection de Paris, reffort du Châtelet. Naiff. 6, mar. 1, mor. 9, feux 26.

Colombes, à une lieue & demie à l'Ou. de Paris, & une demi-lieue au M. d'Argenteuil, étoit autrefois une paroiffe fort confidérable. Elle eft au milieu d'une plaine qui porte fon nom; fe trouve à l'E. de Befons, au N. de Courbevoye , & à l'Ou. d'Anieres. Elle a nombre d'avenues qui conduifent aux villages circonvoifins. Sa garenne eſt à-peu-près de cent quatre-vingt arpens. On y trouve de la pierre coquilliere. Diocèſe & élection de Paris, reſſort du Châtelet pour les cas préſidiaux. Naiſſ. 76, mar. 17, mor. 77, feux 509.

Combeault, à cinq lieues à l'E. de Paris, & deux lieues au S., eſt dans la plaine, ayant à ſon O.-N. le bois de Saint-Martin, au N. Emery, & au S.-E. Bercheres. Le bois de Saint-Martin a près de mille arpens. Diocèſe & élection de Paris. Naiſſ. 5, mar. 1, mor. 9, feux 22.

Combs-la-Ville, à cinq lieues au S., & quatre lieues & demie à l'E., ſe trouve ſur la riviere d'Yeres, qui décrit en cet endroit une ligne courbe vers le N. Il eſt à une grande lieue au M. de Brie-Comte-Robert, & une demi-lieue de la forêt de Senart. Un bois de cent cinquante arpens eſt au M. Diocèſe & élection de Paris. Naiſſ. 17, mar. 2, mor. 15, feux 81.

Compans, à ſix lieues à l'E. de Paris, & quatre lieues & demie au N., eſt ſur un ruiſſeau, & à l'extrémité d'une longue avenue venant de Menil-Amelot. Une autre chauſ-ſée part de Compans pour ſe rendre à la grande route de Meaux. Ce village a à l'Ou., au N. & au M., une vaſte plaine Diocèſe de Meaux, gén. de Paris, élect. de Meaux, reſſort du Châtelet. Naiſſ. 9, mar. 2, mor. 9, feux 43.

Conches, à ſept lieues & demie à l'E. de Paris, & à une lieue au M. de Lagny, eſt ſur le haut d'une petite côte, dans le vallon de laquelle coule au N. un ruiſſeau. Ce lieu eſt tout près de celui de Guermantes, à l'Ou. Diocèſe & élection de Paris. Naiſſ. 5, mar. 1, mor. 3, feux 28.

Condé-Sainte-Libiere, à neuf lieues à l'E. de Paris, & près de deux lieues au N., eſt ſur un bras de la Marne, qui forme une eſpece d'ile en cet endroit. On y a établi un bac. Condé a le village de Montry au M., & Coupe-vray à l'Ou. Diocèſe de Meaux, gén. de Paris, élect. de Meaux. Naiſſ. 14, mar. 4, mor. 21, feux 94.

Conflans, à cinq quarts de lieue à l'E. de Paris, eſt la maiſon des Archevêques. Il eſt ſur la Seine. La ſituation élevée de ce lieu au confluent de la Seine & de la Marne, eſt très-agréable. Les jardins ſont du célebre le Nôtre, & les peintures du petit pavillon quarré ſont du fameux le Sueur. C'eſt un canton à pierre coquilliere. Diocèſe &

élection de Paris, reſſort du Châtelet. Y compris Charenton, le Pont, les Carrieres & Bercy, les naiſſances mon-
tent à 71, les mar. 13, les mor. 72, les feux à 330.

Conflans-Sainte-Honorine, Cure-Prieuré à quatre lieues
& demie à l'Ou. de Paris, & une lieue au N., ſe trouve
à l'E. du confluent de la Seine & de l'Oiſe. Il a au M. la
forêt de Saint-Germain, au N. le village d'Eragny, &
Maurecourt à l'Ou., de l'autre côté de l'Oiſe. Diocèſe &
élection de Paris. Naiſſ. 83, mar. 19, mor. 73, f. 443.

Cormeil-en-Pariſis, à quatre lieues au N.-Ou., & à une
grande lieue au N. d'Argenteuil, eſt ſur le penchant d'un
tertre ou éminence, & entre la Seine à demi-lieue à l'Ou.
& la route de Pontoiſe. Il a le village de la Frette à l'Ou.,
& Montagny au N., à même diſtance. Cormeil eſt orné
d'un château. Au N. de ce lieu ſont deux petits bois d'environ cent vingt arpens. On y trouve de la pierre meuliere. Diocèſe & élection de Paris, reſſort du Châtelet en
partie. Naiſſ. 57, mar. 12, mor. 55, feux 440.

Coſſigny, village en plaine, à ſix lieues & demie à l'E.
de Paris, & trois lieues & demie au S., ſe remarque à
l'Ou. & auprès du bois d'Armainvilliers. Il a Chevry au
N., Griſy au M., & Brie-Comte-Robert à une lieue &
demie à l'Ou.-S. Ce canton offre de la pierre coquilliere
& de la pierre meuliere. Diocèſe & élection de Paris.
Naiſſ. 6, mar. 1, mor. 6, feux 15.

Couberon, à quatre lieues & demie à l'E. de Paris, &
deux lieues au N., eſt dans un baſſin que forme une côte
circulaire environnante. Ce village eſt près de la forêt de
Bondy, qu'il laiſſe à l'Ou., & il a à l'E.-S. pluſieurs
étangs qui fourniſſent un ruiſſeau, lequel va ſe perdre au
M. dans la Marne. Diocèſe & élection de Paris, reſſort
du Châtelet. Naiſſ. 9, mar. 2, mor. 11, feux 63.

Coubert, à près de ſept lieues à l'E. de Paris, & une
lieue à l'E.-S. de Brie-Comte-Robert, touche à un bois
conſidérable à l'E. ; a le village de la Grange-le-Roi au
N., & celui de Griſy au N.-Ou. Il n'eſt qu'à trois cents
toiſes de la route de Provins au M. Diocèſe & élection de
Paris. Naiſſ. 19, mar. 2, mor. 21, feux 86.

Couilly, à neuf lieues & demie de Paris, & une lieue
& demie au N., ſe trouve près de la riviere du Grand-
Morin, qu'il laiſſe à l'Ou., & où ſe trouve un pont pour
communiquer à Saint-Germain, de l'autre côté. Il a au

M. le Pont-aux-Dames, abbaye. Au S. on trouve du sable & de la pierre meuliere. Diocése de Meaux, gén. de Paris, élect. de Meaux. Naiss. 30 mar. 5, mor. 29, feux 156.

Coupevray, à huit lieues & demie à l'E. de Paris, à un quart de lieue au N. de la route de Lagny à Meaux, & entre deux bras de la Marne, qui forme au N. un circuit confidérable. Coupevray a un parc, voit Esbli au N.-E., & Chalifer à l'Ou. Diocése, & gén. de Paris, élect. de Meaux, reffort du Châtelet. Naiss. 20, mar. 4, mor. 16, feux 108.

Courbevoie, à deux lieues de Paris au N. comme à l'Ou., est sur la côte qui borde la Seine, & vis-à-vis d'une île à l'E., & de Villiers du même côté. Il a au N. la garenne de Colombes, & au S.-E. le village de Neuilly. Diocése & élection de Paris, reffort du Châtelet. Naiss. 69, mar. 15, mor. 62, feux 280.

Courcouronne, à six grandes lieues au S. de Paris, & une lieue à l'E., se trouve dans la plaine à trois cents toises de la route de la Ferté-Alops, & à une lieue à l'E.-S. de Fleury-Merongis. Ce village est dans une plaine fort dégarnie. Diocése & élection de Paris. Naiss. 5, mar. 2, mor. 4, feux 96, y compris Liffe.

Courdimanche, à six grandes lieues à l'Ou. de Paris, & presqu'autant au N., se remarque sur la route de Pontoise à Meulan; est sur une éminence circulaire; a Vauréal à l'E. ainsi que la Seine, & Boisemont au M. Diocése de Rouen, généralité de Paris, élection de Pontoise. Naiss. 10, mar. 2, mor. 10, f. 61.

Courquetaine, à sept grandes lieues à l'E. de Paris, & quatre & demie au S., à deux lieues & trois quarts à l'Ou. de Chaulmes; & autant de Tournam au N., voit la route de Provins paffer à demi-lieue au M., & a un bois bien percé d'environ deux cents arpens, qu'il touche à l'Ou. Il y a du grès. Diocése & élection de Paris. Naiss. 5, mar. 2, mor. 5, feux 30.

Courtry, à cinq lieues à l'E. de Paris, & deux fortes lieues au N.-Ou. de Lagny, est au bas de la côte, dans le baffin qu'elle forme en cet endroit. Il est entre le village de Couberon à l'Ou., & celui de Lepin à l'E. Il a au N., dans la plaine, trois petits bois. Il est décoré d'un château. Diocése & élection de Paris, reffort du Châtelet. Naiss. 7, mar. 2, mor. 7, feux 53.

C iij

Coutevrou, à neuf lieues & demie à l'E. de Paris, & à près de trois lieues aussi à l'E. de Lagny, est sur la route qui va de Saint-Germain-lès-Couilly à Rozoy. Il a à l'Ou. un bois de cent vingt arpens environ, & au N. un autre plus petit. C'est un canton à pierres calcaires. Diocèse & gén. de Paris, élect. de Meaux. Naiss. 15, mar. 4, mor. 11, feux 73.

Crepieres, à près de huit lieues à l'Ou. de Paris, & une grande lieue au N. sur la route de Roquencourt à Maulle, est dans un vallon à la source d'un petit ruisseau. La plaine que coupe ce vallon est vaste de tous côtés, & dégarnie d'objets. Il n'y a guere que le bois de Launay, d'une centaine d'arpens. Diocèse & élection de Paris. Naiss. 18, mar. 5, mor. 27, feux 158.

Creteil, à une lieue au S.-E. de Charenton, & une lieue & demie de Boissy-Saint-Léger au M., sur la route de l'un à l'autre, n'est qu'à trois cents pas de la Marne à l'E., & trois quarts de lieue de la Seine. Il a le village de Maisons au N.-Ou. avec la chaussée, qui va à Villeneuve-Saint-George. Ce lieu est très-orné. On y trouve de la pierre de taille, de la pierre coquilliere roulée, & du granit. Diocèse & élection de Paris, ressort du Châtelet pour les cas présidiaux. Naiss. 42, mar. 8, mor. 42, f. 196.

Croissy-en-Brie, à six lieues à l'E. de Paris, sur la route pavée de Saint-Maur à Ferrieres, a un château, des jardins, un parc & des pieces d'eau. A son M. & attenant à ses murs, est un bois de plus de huit cents arpens, & qui touche à celui d'Armainvilliers. Croissy est environné d'autres beaux villages. Diocèse & élection de Paris, ressort du Châtelet. Naiss. 20, mar. 3, mor. 10, feux 38.

Croissy-la-Garenne, ou *sur-Seine*, à trois lieues à l'Ou. de Paris, & une grande lieue à l'E. de Saint-Germain, est sur le bord de la Seine, dans le fond de l'anse qu'elle fait ici. Il a Chatou au N., & le bois de Venifet à cinq cents toises à l'Ou. On y trouve de la pierre coquilliere roulée. Diocèse & élection de Paris, ressort du Châtelet. Naiss. 20, mar. 3, mor. 10, feux 67.

Crosne, à trois lieues & demie au S. de Paris, & à deux lieues à l'E., s'apperçoit dans le fond d'un vallon, sur la route de Villeneuve-Saint-Georges à Brunoy. Il touche presque la riviere d'Yeres, qui forme vis-à-vis de lui, au M., deux petites îles. Il a Montgeron de l'autre côté de la riviere, & le village d'Ycres est à l'E. de son même côté. Il fournit de la pierre meuliere. Diocèse & élection de Paris, ressort du Châtelet. Naiss. 13, mar. 3, mor. 9, feux 66.

Cuisy, à huit lieues à l'E. de Paris, & cinq lieues au N., se trouve dans une plaine près de l'abbaye de Chambre-Fontaine à l'E. ; voit au M. le Plessis-l'Evêque, & au N.-Ou. le village de Montgi. Il a au N. une longue côte irréguliérement ovale, & qui se continue jusques dans le bois de Montgé. Diocèse & gén. de Paris, élect. de Meaux, ressort du Châtelet. Naiss. 5, mar. 2, mor. 4, feux 33.

D.

DAMMARTIN, à six lieues & demie à l'E. de Paris, & presqu'autant au N., domine sur un terre où il est situé. Cette ville, siege d'un bailliage, a une paroisse, une collégiale, un hôpital - prieuré, & une maladrerie. C'est un des magasins de bleds de Paris. Ce comté, l'un des gouvernemens particuliers de la Brie, appartient aujourd'hui à la maison de Conty. Dans la plaine, à son M., sont deux bois d'environ cent soixante arpens. Diocèse de Meaux, gén. de Paris, & élect. de Meaux, ressort du Châtelet. Naiss. 72, mar. 14, mor. 68, feux 379.

Dampierre, à six lieues & demie à l'Ou. de Paris, & une lieue aussi à l'Ou. de Chevreuse, est dans un large vallon, & près de l'Yvette. On y voit un château, & un bois d'environ quatre cents arpens, enclos d'une muraille. On y trouve du grès. Diocèse & élection de Paris, ressort du Châtelet pour les cas présidiaux. Naiss. 25, mar. 4, mor. 26, feux 140.

Dampmart, à sept lieues & demie à l'E. de Paris, & trois quarts de lieue à l'E. de Lagny, est au N. & tout près de la Marne, où il a un bac. Il est au bas de la côte qui environne cette riviere. La chaussée de Lagny à Meaux passe à son M. & près du bac. Diocèse & gén. de Paris, élect. de Meaux, ressort du Châtelet. Naiss. 23, mar. 5, mor. 18, f. 206.

Daumont, à cinq lieues & demie au N. de Paris, est sur le penchant de la côte, à l'E., qui environne la forêt de Montmorency. Il voit la chaussée de Beaumont-sur-

Oise à l'E., à une demi-lieue ; a Bouffemont au N.-Ou. ;
& Piscop au S.-E. La forêt de Montmorency a, de ce
côté, deux lieues de long. Diocèse & élection de Paris.
Naiss. 26, mar. 3, mor. 19, feux 113.

Davron, à sept bonnes lieues à l'Ou. de Paris, est sur
le haut d'un vallon dans lequel coule un bras de la Maudre.
Il voit passer à quatre cents toises au N. le chemin de
Roquencourt à Maulle ; a Crepieres au N.-Ou., & Ti-
verval à l'Ou.-S. Diocèse de Chartres, gén. & élect. de
Paris. Naiss. 8, mar. 1, mor. 6, feux 36.

Deuil, à quatre lieues au N. de Paris, est à une demi-
lieue du bourg de Montmorency ; ayant à l'E. Montmagny, & à l'Ou. le grand étang de Saint-Gratien. Il n'est
qu'à quatre cents toises de la route de Saint-Denis à
Montmorency. Diocèse & élection de Paris. Naiss. 42,
mar. 7, mor. 33, feux 299.

Draveil, à quatre fortes lieues au S. de Paris ; est sur
la route en avenue qui va d'Etiolles jusqu'à Montgeron,
voit couler la Seine à une demi-lieue à l'Ou. ; a le village
de Vigneux au N., & à l'E. le bois de Rouvres, d'environ cent quatre-vingt arpens. Draveil a un château & un
superbe parc. Diocèse & élection de Paris, ressort du
Châtelet pour les cas présidiaux. Naiss. 37, mar. 6, mor.
31, feux 213.

Duigny, à trois lieues & demie au N. de Paris, & une
lieue & demie à l'E., s'élève au M. du ruisseau de Crou,
voit Saint-Denis en France à une grande lieue au S.-Ou.,
& Blanc-Mesnil à l'E., ainsi que la route de Senlis. Diocèse & élection de Paris, ressort du Châtelet pour les cas
présidiaux. Naiss. 17, mar. 3, mor. 13, feux 62.

E.

Eau-Bonne, à quatre lieues & demie au N. de Paris,
& à une petite lieue à l'Ou. de Montmorency, est au
bord d'un ruisseau qui se perd dans l'étang de Saint-Gratien. Eau-Bonne a Marjency au N., Soissy à l'E., St.-
Gratien au S., & Ermont à l'Ou. Il offre de la pierre
meuliere. Diocèse & élection de Paris. Naiss. 6, mar. 2,
mor. 7, feux 35.

Ecouen-la-haute-Feuille, à cinq lieues au N. de Paris, & deux lieues & demie au-dessus de Saint-Denis, se distingue à l'Ou. de la route de Chantilly, au bord d'un joli bois d'environ cent quatre-vingt arpens, & sur une éminence qui domine le canton. Les plus belles avenues y menent de tout côté. On y trouve de la pierre à plâtre & du sable. Diocèse & élection de Paris, ressort du Châtelet. Naiss. 35, mar. 8, mor. 47, feux 217.

Egremont, à deux lieues de Saint-Germain-en-Laye, à l'E., & une lieue au M. de Poissy, est attenant à deux petits bois, l'un à l'Ou., & l'autre au M., lesquels peuvent avoir ensemble trois cents arpens. Egremont a Chambourcy à l'E., & la route de Saint-Germain à Mantes au M. Son voisinage offre de la craie. Diocèse & élection de Paris. Naiss. 4, mar. 1, mor. 3, feux 26.

Elancourt, à sept lieues à l'Ou. de Paris, & une lieue & demie au S., paroît sur la route qui va de Trapes à Montfort. Il est dans un petit vallon, à la naissance d'un ruisseau. Il a au N.-Ou. le bois de Sainte-Apolline, d'environ neuf cent quarante arpens. Diocèse de Chartres, gén. de Paris, élect. de Monfort. Naiss. 6, mar. 3, mor. 9, feux 56.

Emery, ou *Emiranville*, à cinq lieues à l'E. de Paris, & une lieue au S., se trouve dans la plaine, à une demi-lieue de Combeault, au S.-Ou., & à la même distance de Beaubourg au N.-E. Il a Bercheres au M., & est entre deux grands bois. On y voit un château & un parc. Diocèse & élection de Paris, ressort du Châtelet. Naiss. 7, mar. 2, mor. 7, feux 36.

Epiais, à cinq lieues au N. de Paris, & une lieue à l'E. de Louvres, est dans une vaste plaine, à une grande demi-lieue au N. de la route de Soissons. Il a Mauregard à l'E., & Chenevieres au N. On y trouve de la pierre à plâtre. Diocèse & élection de Paris, ressort du Châtelet. Naiss. 5, mar. 2, mor. 4, feux 35.

Epinay-sur-Orge, à quatre lieues & demie au S. de Paris, est à une lieue au M. de Lonjumeau, & à une grande lieue de Juvisy au N. Un chemin pavé qui part de la route de Fontainebleau, va gagner Epinay par un grand contour, pour aller jusqu'à Grigny. Diocèse & élection de Paris, ressort du Châtelet. Naiss. 28, mar. 3, mor. 17, feux 132.

Epinay-lez-Saint-Denis, à trois lieues au N. de Paris ;
est situé sur la route de Paris à Pontoise : il a la Seine au
M., à deux cents toises. Ce village est en plaine, & orné
de maisons particulieres, avec de jolis jardins. Ce canton
fournit du sable. Diocèse & élection de Paris, ressort du
Châtelet. Naiss. 29, mar. 6, mor. 26, feux 140.

Epinay-Quincy-sur-Yeres, Cure-Prieuré, à trois lieues
à l'E. de Paris, & quatre lieues au S., entre Brunoy &
Boussy, tous trois sur la rivière d'Yeres. Epinay voit à
son M. la forêt de Senart. Il a de la pierre meulière & de
la coquillière. Diocèse & élection de Paris, ressort du
Châtelet. Feux 35.

Epône, à près de dix lieues à l'Ou. de Paris, & près
de quatre lieues au N., est situé sur une côte, au bas de
laquelle passe la route de Maulle à Mantes. Il voit couler
à l'E. la rivière de Maudre. On y voit un petit château.
Diocèse de Chartres, généralité de Paris, élection de
Mantes. Naiss. 27, mar. 7, mor. 29. Feux 230.

Fragny, à cinq lieues au N. de Paris, & une lieue au
S. de Pontoise, est sur l'Oise au bas de la côte, avec un
château au N., & au S.-Ou. celui de Neuville. Quelques
parties de vigne sont répandues dans la plaine. On y trouve
deux bois au M., de quatre cents arpens au moins. Diocèse & élection de Paris. Naiss. 35, mar. 8, mor. 43,
feux 265.

Ermont, à quatre lieues au N. de Paris, & à une lieue
à l'Ou. de Montmorency, se trouve en plaine à une demi-
lieue de la route de Paris à Pontoise, à demi-lieue N.-E.
de Francoaville, & non loin du parc de Soissy-sous-En-
ghien. Diocèse & élection de Paris. Naiss. 18, mar. 4,
mor. 13, feux 66.

Esbly-sur-Marne, est à neuf lieues à l'E. de Paris, &
à deux lieues aussi à l'E. de Lagny. Il y a un bac sur la
rivière, auprès du château, & une Justice au N., sur le
haut de la côte. La Marne forme à son F. une grande île
par le moyen de deux bras qui se réunissent au village de
Condé. Il est du diocèse de Meaux, gén. de Paris, élect.
de Meaux. Naiss. 14, mar. 4, mor. 8, feux 76.

Etiolle, à cinq lieues & demie au S. de Paris, est au
M. de la forêt de Senart, sur un petit ruisseau qui va se

jetter dans la Seine à un demi-quart de lieue. Tout auprès on remarque un château. Étiolle a un joli parc , & la route qui va à Montgeron y paſſe. Diocéſe & élection de Paris. Naiſſ. 17 , mar. 3 , mor. 18 , feux 88.

Evequemont , à ſept lieues à l'Ou. de Paris , & cinq lieues au N. , ſe remarque à une petite lieue à l'E. de Mantes , & à quatre cents toiſes au N. de la Seine , ſur le penchant de la côte , & ayant tout auprès , au N. , la route de Meulan à Pontoiſe. Il eſt du diocéſe de Chartres , gén. de Paris , élection de Mantes. Naiſſ. 9 , mar. 3 , mor. 9 , feux 61.

Evry-lès-Châteaux , à cinq lieues à l'E. de Paris , & autant au S. , ſe trouve au M. , & auprès de la riviere d'Yeres , & non loin à l'E. de la route de Melun. Tout le pays environnant eſt une vaſte plaine parſemée de difſérens objets. Il a un château & un parc. Diocéſe & élection de Paris. Naiſſ. 20 , mar. 6 , mor. 21 , feux 115.

Eſvry-ſur-Seine , à près de ſix lieues au S. de Paris , ſe remarque vis-à-vis Etiolle , & du côté occidental de la riviere. C'eſt de cette paroiſſe que dépendent le Grand , le Petit & le Neuf-Bourgs , trois lieux agréables ſur la route de Paris à Fontainebleau. Diocéſe & élection de Paris. Naiſſ. 17 , mar. 5 , mor. 12 , feux 106.

Ezanville , à cinq lieues & demie au N. de Paris , eſt ſur le ruiſſeau du Rouillon , au N.-E. du village d'Ecouen , & à un quart de lieue de la route de Beaumont. Il a un petit parc , & eſt entre deux petits courans d'eau. Dioc. & élection de Paris. Naiſſ. 6 , mar. 4 , mor. 5 , f. 39.

F.

Fargis , à huit lieues & demie à l'Ou. de Paris , & à deux fortes lieues au N. de Rambouillet , voit à un quart de lieue au N. la route de Trapes allant à Rambouillet même. Il eſt au M. d'un des bras de l'Yvette , & voit deux grands étangs à l'Ou. Un bois de deux cents arpens au moins eſt à ſon F.-S. Il eſt du diocéſe de Chartres , généralité de Paris , élection de Montfort - l'Amaury , reſſort du Châtelet. Naiſſ. 26 , mar. 6 , mor. 23. Feux 199.

Favieres, à huit lieues à l'E. de Paris, & une lieue au N. de Tournam, est près d'un ruisseau sans nom, se trouve à l'O. de grands étangs & de plusieurs bois ; & ayant à son M. l'abbaye de Saint-Ouen. Diocése & gén. de Paris, élection de Rosoy. Naiss. 29, mar. 5, mor. 36, seux 49.

Ferolles, dans l'Isle de France, à cinq lieues & demie à l'Ou. de Paris, & trois lieues au S., est sur le bord d'un petit ruisseau qui prend naissance au N. du village de Chevry. Il a à l'Ou. l'abbaye d'Yverneau, & le château de la Jonchere. Diocése & élection de Paris. Naiss. 10, mar. 2, mor. 10, seux 41.

Ferriere, Prieuré-Cure à près de sept lieues à l'E. de Paris, s'offre à l'extrémité orientale de la route qui part du pont de Saint-Maur pour aller jusqu'à ce Prieuré-cure. Il y a un château où conduisent plusieurs avenues. Ce village n'est qu'à une lieue de Croissy. Il est du diocése & de l'élection de Paris, ressort du Châtelet. Naiss. 16, mar. 1, mor. 13, seux 79.

Feucherolles, à six lieues trois quarts à l'Ou. de Paris, est presque sur la route de Roquencourt à Mareil. Il a au N.-E. le village de Lanluet & la forêt de Marly. Il fournit de la pierre meuliere, du sable & du talc. Diocése de Chartres, gén. & élection de Paris. Naiss. 12, mar. 2, mor. 12, seux 51.

Fleury-Mérongis, est à près de six lieues au S. de Paris, & un peu à l'E., sur le plateau d'un tertre où commence le pavé qui va gagner la route de Fontainebleau. Fleury a au N.-Ou. un petit bois d'environ quatre-vingt arpens. C'est un canton de grès & de sable. Il est du diocése & de l'élection de Paris. Naiss. 5, mar. 2, mor. 5, f. 34.

Flins, dans la Beauce, est à près de neuf lieues à l'Ou. de Paris, & une lieue au M. de Meulan, à la jonction de la route de Meulan à Maulle, & de celle de Saint-Germain à Mantes. Il est situé sur le penchant de la côte qui entoure ce canton, & entre les villages d'Aubergenville & de Bouafle. Diocése de Chartres, gén. de Paris, élect. de Mantes. Naiss. 11, mar. 4, mor. 7, seux 106.

Fontenay-lez-Louvres, à six grandes lieues au N. de Paris, & à une lieue & demie à l'Ou. de Louvres, se trouve à la source d'un petit ruisseau, & sur le haut de la côte. Il a à l'Ou. le Menil-Aubry , & plusieurs avenues embellissent ses environs. Il est du diocèse & de l'élection de Paris , ressort du Châtelet pour les cas présidiaux. Naiss. 20, mar. 4 , mo. 31 , feux 147.

FONTENAY , Bourg à dix lieues à l'E. de Paris, & à une lieue & demie du bourg de Chaulmes, se remarque sur la route qui va de la ville de Tournam à celle de Rosoy. Ce Bourg touche à un bois peu considérable. Il a un château & un parc au milieu duquel passe un ruisseau qui va se jetter dans l'Yeres. Il est du diocèse de Meaux, gén. de Paris , élect. de Rozoy , ressort du Châtelet. Naiss. 36, mar. 6, mor. 29 , feux 139.

Fontenay-sous-Briis , est à six grandes lieues au S. de Paris, & à trois lieues de son Ou. C'est un village situé dans la plaine , & ayant celui de Briis à son N.-Ou. A son E. est un grand bois où abonde la pierre meuliere. Il est du diocèse & de l'élection de Paris , ressort du Châtelet. Naiss. 30 , mar. 8 , mor. 28 , feux 159.

Fontenay-aux-Roses , se découvre à une lieue & demie à l'Ou. de Paris , & autant au S. Il est sur le penchant de la côte de Châtillon, laissant Bagneux à l'E.-N., & le Bourg-la-Reine au S.-E. Cet endroit est fort visité du peuple à cause de ses jolies promenades. On y trouve de la pierre meuliere. Il est du diocèse & de l'élection de Paris , ressort du Châtelet en partie. Naiss. 34 , mar. 7, mor. 22 , feux 174.

Fontenay-le-Fleuri, à cinq lieues à l'Ou. de Paris , & une forte lieue à son S., se découvre au M. de Saint-Cyr & au bas du même côteau. Il voit à son N. l'avenue qui va du parc de Versailles à Villepreux; à son E. on trouve de la pierre meuliere. Il est du diocèse de Paris , & de l'élection de Montfort , ressort du Châtelet. Feux 59.

Fontenay-sous-Bois , à deux lieues & demie à l'E. de Paris , & un peu à son Sep. , se remarque sur la route de Vincennes à Lagny. Il a au N. le village de Montreuil , & au M. celui de Nogent-sur-Marne. Ce lieu est tout près du bois de Vincennes, qu'il laisse au S.-Ou. Il est dans le diocèse & l'élection de Paris, ressort du Châtelet. Naiss. 69, mar. 11, mor. 44, feux 294.

Forget (Saint) , à quatre lieues & demie à l'Ou. de Paris , & cinq & demie au S. , est sur la riviere d'Yvette, dans un vallon ; a la ville de Chevreuse à une demi-lieue à l'E. , & un grand bois entouré de murailles au M. Il est du diocèse & de l'élection de Paris. Naiss. 29, mar. 8, mor. 35, feux 112.

Fourches, se trouve à six lieues & demie à l'E. de Paris, & six lieues au S. Il est dans la plaine, entre le village de Limoges & celui de Lissy, à une petite lieue de la riviere d'Yeres, qui est à son N. Cette paroisse a un château & un parc. Elle est du Diocèse & de l'élection de Melun. Naiss. 5, mar. 0, mor. 2, feux 32, avec Limoges.

Fourqueux, à cinq lieues à l'Ou. de Paris, & une lieue & demie au N. , se remarque à l'entrée de la forêt de Marly, & au S.-Ou. de Saint-Germain. Un chemin pavé y conduit du village d'Elancourt. Son parc est entouré d'une muraille. C'est un canton à sable & à grès Il est du diocèse & de l'élection de Paris, ressort du Châtelet. Naiss. 16, mar. 1, mor. 14, feux 99.

Franconville, Marquisat à quatre lieues au N. de Paris, & deux lieues à l'Ou., se trouve sur la route de Paris à Pontoise, ayant Sannois à demi-lieue au S.-E. , & Cormeil à même distance au S.-Ou. Franconville est sur le penchant d'une côte qui s'éleve à son S. On y trouve du sable & du silex roulé. Diocèse & élection de Paris, ressort du Châtelet en partie. Naiss. 37, mar. 6, mor. 27, feux 223.

Frepillon, à deux lieues à l'Ou. de Paris , & six lieues au N. , voit à son M. le village de Bessancourt ; à l'E. la forêt de Montmorency, & à l'Ou. la garenne de Bessancourt. Ce lieu est dans la plaine. Diocèse & élection de Paris, ressort du Châtelet. Naiss. 17, mar. 3, mor. 18 , feux 127.

Fresne, dans la Brie, est à sept lieues & demie à l'E. de Paris , & près de trois lieues au N. , entre la route de Meaux au N. , & la Marne au M. Il a un très-beau château & un joli parc. Il voit le village d'Annet au S.-Ou., & celui de Precy au N.-E. On y trouve du quartz. Diocèse & gén. de Paris, élection de Meaux, ressort du Châtelet. Naiss. 9 , mar. 1 , mor. 9 , feux 48.

Fresnes-le-Rungis, à six lieues au S. de Paris, est au M. de la route qui communique de la chaussée de Fontainebleau à celle d'Orléans. Il est au haut de la petite côte du ruisseau de Bievre. A son M. est un joli parc avec un château appellé Tourvoye. Diocése & élection de Paris, ressort du Châtelet. Naiss. 11, mar. 3, mor. 8, feux 63.

Fresnes, ou *Hecquevilliers*, à huit lieues Ou. de Paris, & trois lieues au N., est sur la route de Saint-Germain-en-Laye à Mantes, au M. de la forêt. Il a le village de Boua-fie au N.-Ou., & celui de Morainvilliers au S.-E. Il est du diocèse de Chartres, gén. & élect. de Paris. Naiss. 17, mar. 4, mor. 12, feux 85.

G.

Gagny, à trois lieues trois quarts à l'E. de Paris, & une lieue & demie au N., se trouve dans un vallon avec un étang & un parc. Il a la Marne à une lieue au M., & au N. la forêt de Bondy. Tout ce canton est très boisé, & donne de la pierre meuliere. Gagny est du diocése & de l'élection de Paris, ressort du Châtelet. Naiss. 24, mar. 4, mor. 18, feux 115.

Gaillon, à huit grandes lieues à l'Ou. de Paris, & cinq lieues au N., voit la ville de Meulan à son M., & est près d'un petit ruisseau qui se jette dans la Seine. Il a le village de Bessancourt à son E., & à son Ou. le prieuré de Gaillonet. Gaillon est du diocése de Rouen, gén. de Paris, élect. de Mantes. Naiss. 10, mar. 2, mor. 7, feux 53.

Garches-lès-Saint-Cloud, est à trois petites lieues à l'Ou. de Paris, & à l'E. de Saint-Cloud, dans un petit fond, au N. de la route qui conduit à Versailles. Il voit couler à son E. la Seine, qu'il a à une lieue de lui. On y voit de la pierre meuliere, de la pierre calcaire & de la glaise. Il est du diocése & de l'élection de Paris. Naiss. 27, mar. 6, mor. 19, feux 154.

Garenne, à quatre lieues à l'Ou. de Paris, & autant au N., se rencontre sur le bord de la forêt de Saint-Germain, & près de la Seine, ayant au Sep. de l'autre côté de la riviere, Conflans-Sainte-Honorine. Diocése de Chartres, élection de Paris, ressort du Châtelet. Sans états des N. M. M. & F.

Garges-lès-Gonesse, à près de quatre lieues de Paris, & à une lieue au M. de Gonesse, est sur le ruisseau du

Rouillon, à l'E. de la route de Saint-Denis, & trois quarts de lieue de celle de Senlis. Il a au M. le village de Dugny, & au N. celui d'Arnouville. Il est du diocèse & de l'élection de Paris. Naiss. 17, mar. 3, mor. 21, f. 83.

Garjenville, à deux lieues & demie à l'Ou. de Meulan, & proche de Mantes, se trouve au N. de la route de l'une à l'autre ville, sur le penchant de la côte, & ayant au N. un bois de plus de quatre cents arpens. Diocèse de Rouen, génér. de Paris, élect. de Mantes. Naiss. 33, mar. 10, mor. 19, feux 197.

Genevilliers, à une lieue & demie à l'Ou. de Paris, & un quart de lieue au N., est un village situé dans une plaine, & auquel conduisent de belles avenues. Il a un château & un beau parc. Il voit Argenteuil à son N.-Ou., & Anieres à son M. On y trouve du quartz. Ce lieu est du diocèse & de l'élection Paris. Naiss. 29, mar. 5, mor. 28, feux 208.

Gentilly, à une lieue au S. de Paris, se remarque sur le ruisseau de Bievre, au bas de la côte. Il voit passer la route d'Orléans à son Ou., & celle de Fontainebleau à l'E. Ce village est fameux par un concile qui s'y est tenu à l'occasion des Sconoclastes. On y trouve de la pierre de taille & de la glaise. Il est du diocèse & de l'élection de Paris, ressort du Châtelet. Naiss. 42, mar. 10, mor. 34, feux 62.

Gesvres, à près de dix lieues à l'E. de Paris, six au N., se remarque au bas d'un long côteau, & dans une espèce de bassin que ce côteau y forme. C'est un duché qui étend aussi sa jurisdiction sur Tresme. Il est du diocèse de Meaux, gén. de Paris, élect. de Meaux. Naiss. 3, mar. 1, mor. 2, feux 16.

Gif, à quatre lieues à l'Ou. de Paris, & presqu'autant au S., se trouve sur l'Yvette, qui coule à son M.: il y avoit une abbaye de filles, appellée aussi abbaye de Gif. Elle est détruite. Tout ce canton, où l'on trouve du sable & de la pierre meuliere, est garni de hameaux & de fermes. Gif a à l'Ou. un fameux château appellé Courcelles, & au M. un bois de cent soixante arpens environ. Il est du diocèse & de l'élection de Paris. Naiss. 30, mar. 6, mor. 36, feux 140.

Gomets-la-Ville, à quatre lieues à l'Ou. de Paris, &
quatre

quatre lieues au S., se découvre sur la route de Paris à Dourdan, où se fait la jonction d'une autre route qui conduit à Briis. Cet endroit est en plaine, & près de la source d'un ruisseau qui coule au M. Il est du diocèse & de l'élection de Paris, ressort du Châtelet. Naiss. 11, mar. 3, mor. 10, feux 50.

Gomets-Saint-Clair, ou *le Châtel*, à près de quatre lieues à l'Ou. de Paris, & autant au S., se trouve sur la route de Paris à Dourdan, ayant au M., à un quart de lieue, Gomets-la-Ville. Il est du diocèse & de l'élection de Paris, ressort du Châtelet. Naiss. 9, mar. 2, mor. 10, feux 70.

Gondecourt, à sept lieues à l'Ou. de Paris, & une forte lieu au N. de Meulan, est sur le haut d'une côte au bas de laquelle coule le ruisseau qui va se jetter dans la Seine. Il a Sagy au N., & Tessancourt au M. Diocèse de Rouen, généralité de Paris, élection de Mantes. Naiss. 11, mar. 3, mor. 11, feux 60.

GONNESSE, Bourg considérable à deux lieues à l'E. de Paris, & quatre lieues au N., sur le ruisseau de Crou, est fameux par son commerce de bled : il étoit connu dès l'an 853. Philippe-Auguste y est né en 1166. Il y a deux paroisses, Saint-Pierre & Saint-Nicolas ; il a un hôtel-Dieu foncé avant l'an 1210 ; Il est de la Prévôté - Vicomté de Paris. Ce canton offre des carrieres à plâtre. Il est du diocèse & de l'élection de Paris, ressort du Châtelet. Naiss. 90, mar. 25, mor. 89, feux 392.

Gournay, Paroisse à quatre lieues & demie à l'E. de Paris, se trouve sur la Marne, qui passe au N., & tout auprès. Il est à demi-lieue de Chelles, qui est aussi au N., de l'autre côté de la riviere. C'étoit autrefois une petite ville. Il y a une prévôté, un prieuré & une commanderie. Elle est dans la Brie. On y trouve du quartz & des coquilles fossiles. Diocèse & élection de Paris, ressort du Châtelet. Naiss. 15, mar. 1, mor. 7, feux 19.

Goussainville, à une lieue au N. de Gonesse, & sur le même ruisseau. Il est au haut de la côte ; deux longues avenues conduisent de là, l'un à Fontenay-les-Louvres, l'autre à Menil-Aubry. Goussainville est renommé pour les dentelles. Il est du diocèse & de l'élection d · Paris, ressort du Châtelet. Naiss. 30, mar. 7, mor. 34. f. 172.

PARIS, N°. I.   D

Gouverne, à près de sept lieues à l'E. de Paris, & une grande lieue au N., sur un ruisseau qui se rend dans la Marne au N. de Torcy, est à une demi-lieue au M. de Lagny, & au N. de Guermantes, qui en est séparé par un ruisseau. Il est du diocèse & de l'élection de Paris. Naiss. 14, mar. 1, mor. 7, feux 93.

Grand-Drancy, se découvre sur un chemin pavé qui part de la route de Senlis. Il est dans la plaine; plusieurs avenues y conduisent. On le nomme Drancy-lez-Noues. Le Petit-Drancy n'est qu'une ferme au M. On trouve dans ce canton de la Marne, de la pierre meulière & des sables. Il est du diocèse, de la généralité & de l'élection de Paris; ressort du Châtelet. Naiss. 8, mar. 2, mor. 7, feux 35.

Gregy, à cinq lieues à l'E. de Paris, & presqu'autant au S., sur le bord de la rivière d'Yeres, a un pont sur cette rivière qui communique à la route de Melun. Il est sur le haut de la côte de la rivière, & à trois quarts de lieue au M. de Brie-Comte-Robert. Pays à pierre meulière & coquillière. Diocèse, généralité & élection de Paris. Naiss. 2, mar. 1, mor. 4, feux 18.

Gressy, à six lieues un quart à l'E. de Paris, & trois lieues très-fortes au N., se remarque sur le bord d'un ruisseau, ayant à sa droite un chemin pavé qui part de la route de Meaux, & se termine à celui de Soissons en passant par le village de Compans. Il a une très-grande plaine à l'Ou. Il est du diocèse & de l'élection de Meaux, ressort du Châtelet. Naiss. 1, mar. 1, mor. 1, feux 7.

Gretz, à sept lieues & demie à l'E. de Paris, & près de trois lieues au S., se trouve sur la grande route de Saint-Maur à Tournam & Rosoy; ayant Presles au M. & Armainvilliers avec son parc au N. Cette forêt d'Armainvilliers a par-delà sept mille arpens. On y trouve de la pierre meulière. Gretz est du diocèse de Meaux, général. de Paris, élection de Rosoy, ressort du Châtelet. Naiss. 14, mar. 3, mor. 18, feux 71.

Grigny, à cinq lieues au S. de Paris, & une lieue à l'E., entre la route de Fontainebleau & celle de Viry à Fleury-Mérongis. Il a Viry au N.; est sur le haut d'une petite côte qui domine tout le côté de l'Orient, & a un petit château avec un parc. Diocèfe & élect. Paris. Naiff. 18, mar. 4, mor. 14, feux 117.

Grify & Suines, à fix lieues E. de Paris, & quatre fortes lieues au S., fe trouve dans la plaine, à quatre cents toifes au N. de la route de Provins. A près d'une lieue à l'E. il a un château appellé la Grange-le-Roi. Ce canton eft un pays à plâtre & à pierre meuliere. Il eft du diocèfe, de la généralité & de l'élection de Paris. Naiff. 25, mar. 6, mor. 26, feux 124.

Gros-Caillou, à une lieue Ou. de Paris, & treize cents toifes au N., n'étoit autrefois qu'un petit hameau, enfuite eft devenu un aide de Saint-Sulpice, & eft aujourd'hui une paroiffe confidérable des environs de Paris. Il eft fur le bord de la Seine, qu'il domine au N., entre les Invalides & l'Ecole Militaire. On y trouve de la pierre coquilliere, des marcaffites & de la glaife.

Groflay, à quatre lieues prefque directement au N. de Paris, à l'Ou. de la route de Beaumont, fur le penchant d'un côteau qui forme-là un grand vallon, & à une lieue & demie à l'E. de Montmorency. On y trouve de la pierre à plâtre & du fable. Diocèfe & élect. de Paris. Naiff. 33. mar. 9, mor. 37, feux 216.

Guermantes, à fept lieues à l'E. de Paris, & à une grande demi-lieue au M. de Lagny. Il paffe là une route pavée qui vient de Brie-fur-Marne, & s'arrête à Conches. Guermantes qui eft au M. d'un ruiffeau, a un château & un parc qui l'embelliffent. Il eft entre deux petits ruiffeaux. Diocèfe, généralité, élection de Paris, reffort du Châtelet. Feux 37.

Guignes, à près de neuf lieues à l'E. de Paris, & plus de cinq au S., fe découvre fur la grande route de Provins, entre Yebles à l'Ou., & l'Etang-Pequeufe à l'E. Il a au N. un bois d'environ deux cents arpens, & il part de ce lieu une route qui va à Chaulnes. Du diocèfe de Sens, général. de Paris & élection de Melun. Naiff. 33, mar. 3, mor. 23, feux 129.

Guyencourt, à cinq lieues à l'Ou. de Paris, & prefque deux au S., fe rencontre à la jonction de deux routes pavées, dont l'une va à Port-Royal. Il voit Montigny à l'Ou., & Buc à l'E. Il a au N. un parc avec château, & de petits bois. Diocèfe & élection de Paris. Naiff. 20, mar. 5, mor. 24, feux 98.

D ij

H.

Hardricourt, à huit bonnes lieues à l'Ou. de Paris, & près de cinq lieues au N., se remarque tout auprès & à l'Ou. de Meulan, sur le haut de la côte, & ayant Gaillan à son N. Il est dans la Beauce. Diocése de Chartres, généralité de Paris, élection de Mantes. Naiss. 7, mar. 3, mor. 9, feux. 47.

Hennemont, à cinq lieues à l'Ou. de Paris, est aussi à l'Ou. de Saint-Germain-en-Laye, à une demi-lieue. Il domine sur le plateau d'une côte assez forte. Il a Chambourcy à son N.-Ou., & Fourqueux au M. Il est du diocése de Chartres, de la généralité & de l'élection de Paris. C'est un Prieuré.

Herbeville-hors-Mareil, à huit lieues & demie à l'Ou. de Paris, & à deux lieues au N., paroît sur le penchart d'une côte qui enveloppe tout l'E. de ce canton; il a Maulle à l'Ou., les Alluets à l'Or.-N., & au N. le bois des Alluets même. Il est dans la Beauce. Diocése de Chartres, généralité & élection de Paris. Naiss. 3, mar. 1, mor. 3, feux 37.

Herblay, à quatre fortes lieues au N. de Paris, & trois lieues à l'Ou., est sur le bord de la Seine au M., & a au N., à demi-lieue, la route de Paris à Pontoise, dont une vaste plaine le sépare. Diocése & élection de Paris, ressort du Châtelet en partie. Naiss. 55, mar. 13, mor. 51, feux 308.

Hermieres, Abbaye à huit lieues à l'E. de Paris, & une lieue au S., se découvre entre des grands bois de plus de mille arpens à l'Or. & à l'Oc., & beaucoup d'étangs au M. Cette abbaye est d'hommes, Ordre des Prémontrés. Elle a été fondée en 1200. Dans la Brie, diocése de Paris, ressort du Châtelet.

Houilles, à près de trois lieues à l'Ou. de Paris, deux lieues & demie au N., se remarque au bas de la côte, qui environne la plaine de Besons, qui n'en est éloigné à l'E. que d'une demi-lieue C'est dans cette plaine que nos Rois ont souvent fait la revue de leurs troupes. Diocése & élect. de Paris. Naiss. 55, mar. 9, mor. 78, feux 272.

J.

Jabelines, à huit lieues à l'E. de Paris, & deux lieues & demie au M., touche presque à la Mune, & est sur le bas de la côte qui environne cette riviere. Au N. il a Fresnes, Precy à l'Ou., & Annet à l'Oc., par delà la riviere. Ce pays offre de la pierre coquilliere. Il est du diocèse de Meaux, gén. de Paris, élect. de Meaux, ressort du Châtelet. Naiss. 11, mar. 2, mor. 6, feux 31.

Jambville, à neuf lieues à l'Ou. de Paris, & six lieues au N., dans la plaine, entre Seraincourt & Montalet, au N. du ruisseau qui va se perdre dans la Seine, à Mantes. Ce fut autrefois un bourg. Il est du diocèse de Chartres, de la généralité de Paris, & de l'élection de Mantes, ressort du Châtelet. Naiss. 16, mar. 2, mor. 12, feux 63.

Janvrys, à trois lieues & demie à l'Ou. de Paris, & cinq fortes lieues au S., village dans la plaine, ayant au N. Saint-Jean de Beauregard, & le ruisseau qui prend sa source à Gomets-la-Ville. Il voit Briis à une lieue au M. Il est dans l'Isle de France, diocèse & élection de Paris. Naiss. 10, mar. 4, mor. 15, f. 68.

Igny, à deux lieues & demie au S. de Paris, & deux lieues à l'Ou., est près de l'un des bras de l'Yvette, au bord d'un bois sans nom, & ayant à l'E. le bois de Verrieres. Il est au N. de Vauhallan, & au M. de Bievres. C'est un pays à grès. Diocèse & élection de Paris, ressort du Châtelet. Naiss. 18, mar. 2, mor. 14, feux 108.

Joïenval, Abbaye, ordre de Prémontrés, dans la Beauce, diocèse de Chartres, à une bonne lieue à l'Ou. de Saint-Germain-en-Laye, au bord de la forêt de Marly. Cette abbaye prétend avoir été fondée par Philippe-Auguste, & cite des priviléges que lui a accordés Philippe-le-Bel. Elle est à près de six lieues à l'Ou. de Paris.

Jossigny, à près de huit lieues à l'E. de Paris, & à une lieue & demie au M. de Lagny, est sur une petite côte au bas de laquelle un ruisseau prend naissance. A une demi-lieue est le village de Serris à l'E., & au N. celui de Chanteloup, à près d'une lieue. C'est une Cure-Prieuré.

D iij

Diocèse & élection de Paris, ressort du Châtelet. Naiss. 19, mar. 2, mor. 14, feux 106.

Jouarre-Pont-Chartrain, à huit grandes lieues Ou. de Paris, & une lieue un quart au S. Il est en plaine, entre deux côteaux, a un très-joli parc au N., avec un château: un bras de la Maudre coule au bas, entre le village & le parc. Jouarre est dans la Beauce. Diocèse de Chartres, généralité de Paris, élection de Montfort-l'Amaury. naiss. 35, mar. 11, mor. 39, feux 185.

Jouy-en-Josas, à trois lieues Ou. de Paris, & deux lieues au M., est sur un des bras de la Bievre, & sur une chaussée qui va près de Saclé. Ce village a celui des Loges à l'Ou. Un joli parc & un petit château ornent cet endroit, avec plusieurs hameaux de l'autre côté du ruisseau. De ce même côté, au N., on trouve du grès & du sable. Isle de France, diocèse & élection de Paris, ressort du Châtelet. Naiss. 52, mar. 9, mor. 65, feux 175.

Jouy-la-Fontaine, n'est point une paroisse, mais un simple hameau, qui, avec la paroisse de Jouy-le-Moustiers, fait un seul endroit. Celui-ci est au N. de l'autre, à quatre cents toises.

Jouy-le-Moustiers, à cinq lieues & demie à l'Ou. de Paris, & cinq lieues au N., paroît sur le bord de la Seine, à l'E.: il est au N de Maurecourt, & au M. de Vauréal, qui sont comme lui au bas de la côte, à l'Ou. de la Seine. Diocèse & élection de Paris, ressort du Châtelet pour les cas présidiaux. Naiss. 21, mar. 8, mor. 22, feux 215.

Isles-lès-Villenoy, à neuf lieues à l'E. de Paris, & deux grandes lieues au N., se découvre sur la Marne, où il a un bac, au N. de Condé, & au N.-Ou. d'Esbly. Ce village entre deux sinuosités de la riviere, a au N. une vaste plaine. Il est dans la Brie, diocèse de Meaux, gén. de Paris & élection de Meaux. Naiss. 7, mar. 1, mor. 4, feux 42.

Issy, à une lieue à l'Ou. de Paris, est sur la route de Paris à Meudon & Bellevue, auprès de Vanves, & au bas d'une foible côte. Il a une abbaye de Bénédictins, & le séminaire de Saint-Sulpice y a une fort belle chapelle. Cet endroit est orné d'un château & d'un parc. On y trouve de la pierre de taille. Diocèse & élect. de Paris. Naiss. 40, mar. 7, mor. 35, feux 177.

Iverny, à huit lieues & demie à l'E. de Paris, & quatre & demie au N., village en plaine, est entre le Plessis-l'Evêque, au N., & Villeroy au M.; ayant à l'E. un petit ruisseau qui va se perdre dans la Marne, & à l'Ou. le Plessis-du-Bois. Dioc. de Meaux, gén. de Paris & élect. de Meaux, ressort du Châtelet. Naiss. 13, mar. 2, mor. 12, feux 73.

Juilly, à sept lieues à l'E. de Paris, & cinq lieues au N., au-dessus de Nantouillet & de Vinantre, est à la source d'un petit ruisseau qui se jette dans celui qui passe à Fresne-sur-Marne. Les PP. de l'Oratoire y ont un séminaire & un college. Diocèse de Meaux, généralité de Paris & élection de Meaux, rest. du Châtelet. Naiss. 19, mar. 3, mor. 17, f. 76.

Ivry-sur-Seine, à une lieue & demie à l'E. de Paris, & une bonne lieue au S., se trouve dans la plaine, à une demi-lieue de la Seine à l'F., & une demi-lieue de Gentilly à l'Ou. Une route particuliere partant de celle de Fontainebleau, aboutit à ce village, qui n'a de remarquable qu'un parc & son voisinage du Port-à-l'Anglois. On y trouve du quartz & de la pierre coquilliere. Diocèse & élection de Paris, ressort du Châtelet. Naiss. 40, mar. 8, mor. 40, feux 196.

Juziers, à neuf lieues Ou. de Paris, & quatre & demie au N., sur la route de Meulan à Mantes, & sur le bord de la Seine à une lieue de Meulan, est dit avoir été autrefois un bourg, mais n'est plus qu'une simple paroisse. Il est dans la Beauce, diocèse de Chartres, gén. gén. de Paris, élect. de Mantes. Naiss. 37, mar. 7, mor. 17, feux 174.

Juvisy, à une lieue & demie à l'E. de Paris, & quatre lieues au S., sur la route de Paris à Fontainebleau, est à un quart de lieue de la Seine, à l'F., & une demi-lieue d'Athis, au N. La poste y est établie. Il y a un parc. Diocèse & élection de Paris, ressort du Châtelet Naiss. 11, mar. 3, mor. 9, feux 64.

L.

La *Chapelle-Saint-Denis*, à une lieue & demie au N., sur la route de Paris à Saint-Denis, entre la Villette, à l'E., & Montmartre à l'Ou. Diocèse & élection de Paris.

reſſort du Châtelet. Naiſſ. 51, mar. 12, mor. 43, ſ. 131.

La Courneuve, à une lieue & demie au N. de Paris, & une lieue à l'E., ſe trouve ſur le ruiſſeau de Crou, à un quart de lieue de Saint-Denis, & une demi-lieue au N. d'Aubervilliers. C'eſt un pays de ſable. Diocéſe & élection de Paris. Naiſſ. 15, mar. 6, mor. 16, ſeux 94.

La Falane, à neuf lieues & demie à l'Ou. de Paris, & trois lieues au N., ſur la route de Mantes à Rambouillet, & ſur la Maudre qui la ſépare de Neſée, autre Paroiſſe. La Falane a un château au M. Elle eſt dans la Beauce, diocéſe & génér. de Paris, élect. de Mantes. Naiſſ. 9, mar. 2, mor. 7, ſeux 54.

La Frette, à quatre lieues au N. de Paris, & trois lieues à l'Ou., eſt ſur la rive droite de la Seine, ayant Cormeil à l'E., & Herblay au N. Elle eſt au bas de la côte. Pays à pierre meuliere & à plâtre. Diocéſe & élection de Paris, reſſort du Châtelet. Naiſſ. 14, mar. 2, mor. 11, ſeux 60.

LAGNY, Ville à près de ſept lieues à l'E. de Paris, & une lieue un quart au N., ſur le bord méridional de la Marne. Elle a trois paroiſſes, avec une abbaye de l'ordre de Saint-Benoit. On a tenu un Concile à Lagny en 1142, & Louis le Débonnaire y tint ſon Parlement en 855. Le Duc de Parme la ſurprit en 1598, & délivra ainſi Paris, que Henri IV tenoit bloqué depuis long-tems. On y compte 1500 habitans, & on y trouve de la pierre meuliere, & des cailloux roulés. Lagny eſt du diocéſe & de l'élec. de Paris, reſſort du Châtelet. Naiſſ. 54, mar. 16, mor. 55, ſeux 372.

La Magdeleine, à huit lieues à l'E. de Paris, & près de trois lieues au S., eſt l'égliſe de Tournam, bourg qui eſt attenant. Elle eſt à la jonction de deux routes, dont l'une va à Crecy, & l'autre à Roſoy. Elle eſt dans la Brie, diocéſe de Meaux, généralité de Paris, élection de Roſoy, reſſort du Châtelet. Feux 84.

Lanluet, à ſix lieues à l'Ou. de Paris, & une lieue au N., eſt à l'Ou. de la forêt de Marly, laquelle a de ce côté deux lieues de long. Il eſt à un quart de lieue de la route de Roquencourt à Mareil & Maulle. Feucherolles eſt à l'Ou., à trois cents toiſes, & Chavenay au M., à une demi-lieue. Diocèse & élection de Paris, ressort du Châtelet. feux, 75 avec Sainte-Gemme.

La Pissotte, à deux petites lieues à l'E. de Paris, & à une lieue au N., est au bord du bois de Vincennes, qu'elle laisse au M., & est à demi-lieue de Montreuil, au N., & une demi-lieue de Fontenay à l'E. C'est la paroisse de Vincennes. Diocèse & élection de Paris. Naiss. 91, mar. 23, mor. 75, feux 273.

La Queue, à quatre lieues & demie à l'E. de Paris, & une lieue & demie au N., est sur la route de Saint-Maur à Tournam, & sur le ruisseau de Moibra. Cet endroit se trouve à une demi-lieue de Pontault, à l'E., & trois quarts de lieue d'Amboile à l'Ou., au N. est le bois Saint-Martin. On y trouve de la pierre coquillière. La Queue est en Brie, diocèse & élection de Paris, ressort du Châtelet. Naiss. 16, mar. 5, mor. 14, feux 75.

La Selle-lès-Saint-Cloud, est à trois lieues & demie à l'Ou. de Paris, & une demie-lieue au N., entre de jolis bois, ayant à l'Ou. & tout auprès un château, Bougival au N., & Louvecienne au N.-Ou. On y trouve de la pierre meulière. Diocèse & élection de Paris, ressort du Châtelet. Naiss. 13, mar. 5, mor. 15, feux 89.

La Selle-lès-Bordes, à sept lieues à l'Ou. de Paris, & cinq lieues & demie au S., auprès de la forêt des Ivelines à l'Ou., sur un ruisseau que forment plusieurs étangs au N.; à une grande lieue au M. de Cernay-la-Ville, & une petite lieue de Bullion à l'E.-S. Il y a un petit parc au N., avec un château. Diocèse, & élection de Paris. Naiss. 23, mar. 5, mor. 22, feux 142.

La Verrière, à sept lieues à l'Ou. de Paris, & deux lieues & demie au S. Elle est au N. de Menil-Saint-Denis, & au M. de la route de Trapes à Rambouillet, à côté d'un grand étang. Ce lieu est orné d'un château, d'un parc & de jolies avenues. Diocèse de Chartres gén. & élection de Paris. Naiss. 6, mar. 1, mor. 5, feux 18.

La Ville-Dieu, n'est qu'un hameau avec une petite chapelle.

La Villette-sous-..., à quatre lieues & demie à l'E. de Paris, & près de quatre lieues au N., sur une route pratiquée entre celle de Senlis & celle de Meaux, au N.

du bois Saint-Denis. Ce lieu n'est marqué sur la carte que comme un hameau.

La Villette-Saint-Lazare, à une lieue & demie à l'E. de Paris, & autant au N., sur la grande route de Senlis, est à un quart de lieue de la Chapelle, à l'Ou., & trois quarts de lieue de Pantin à l'E. Ce village est en plaine, & est un canton de chasse. Diocèse & élection de Paris, ressort du Chât. en partie. Naiss. 25, mar. 5, mor. 22, feux 73.

Le Bourget, succursal de Bugny, est à près de deux lieues à l'E. de Paris, & de trois lieues au N., sur la route de Senlis, & au N. du Grand-Drancy. Ce lieu est en plaine, & a d'agréables avenues. A son M. coule un petit ruisseau qui va se jetter dans le Crou. Diocèse & élection de Paris, ressort du Châtelet. Naiss. 11, mar. 5, mor. 11, feux 68.

Le Chenay, à quatre lieues à l'Ou. de Paris, est non loin de la route de Marly à Versailles ; a au N. Roquencourt, & au M. Saint-Antoine ; le bois de Hubiés de près de trois cents arpens, est à l'E., & le parc de Versailles au M. Diocèse & élection de Paris, ressort du Châtelet. Naiss. 11, mar. 4, mor. 8, feux 62.

Le Martray, ou *Chauconin*, à neuf lieues & demie à l'E. de Paris, & presque quatre au N., est à un quart de lieue de la route de Meaux, au M., & à la même distance de Neuf-Moustiers au N., sur un petit ruisseau sans nom. Il est dans la Brie, diocèse de Meaux, généralité de Paris & élection de Meaux, feux 40.

Le Menil - Aubry, à six lieues au N. de Paris, & à une bonne lieue à l'E., se remarque sur la grande route de Chantilly ; a le Plessis-Gassot au M., & Villiers-le-Seq au N. : ce village est en plaine, Du diocèse & de l'élection de Paris, ressort du Châtelet. Naiss. 22, mar. 4, mor. 22, feux 128.

Le Mesnil-Amelot, à cinq lieues au N. de Paris, & quatre lieues à l'E., est un village dans la plaine, sur la route de Compans à celle de Soissons, qu'il rencontre à deux cents toises au N. Il est de la Brie, diocèse de Meaux, généralité de Paris & élection de Meaux, ressort du Châtelet. Naiss. 22, mar. 5, mor. 28 ; feux 140.

Le Mesnil - le - Roi, à quatre lieues à l'Ou. de Paris, & près de trois lieues au N., sur le bord de la Seine, à l'E., & de la forêt Saint-Germain à l'Ou., se trouve sur une côte, d'où il domine la riviere & toute la plaine à l'E. Il a Maisons au N.-E., & Saint-Germain au M., à une grande lieue. Diocése de Chartres, général. & élect. de Paris, ressort du Châtelet. Naiss. 17, mar. 4, mor. 20, feux 92.

Le Mesnil-Saint-Denis, au M. de la Verniere, environs de Chevreuse. Ressort du Châtelet. Feux 89.

Le Pecq, à quatre lieues & demie à l'Ou. de Paris, & près de deux au N., autrefois hameau, est aujourd'hui une paroisse assez considérable. Il est entre Saint-Germain, à l'Ou., & la Seine qu'il touche à l'E., où se trouve le grand bois du Vesinet, de plus de mille arpens. Diocése & élection de Paris, ress. du Chât. Naiss. 53, mar. 13, mor. 50, feux 338.

Le Peray, à neuf lieues à l'Ou. de Paris, & quatre lieues au S., sur la route de Trapes à Rambouillet, dont il voit au M. la forêt à un quart de lieue ; il a au Sep. deux étangs que sépare la grande route. Il est dans la Beauce, diocése de Chartres, généralité de Paris, élect. de Monsort. Naiss. 22, mar. 9, mor. 33, feux 49.

Le Pin, à 5 lieues & demie à l'E. de Paris, & deux grandes lieues au N., village dans la plaine, qu'enveloppe un long côteau depuis Courberon jusqu'à la Marne. Il est entre Saint-Marcel, à l'E., & Courtry à l'Ou. Diocése & élection de Paris. Naiss. 11, mar. 2, mor. 11, feux 81.

Le Plessis-le-Comte, à cinq lieues & demie au S., se remarque dans la plaine, entre Orangis à l'E., & Fleury-Mérongis au S.-Ou., où aboutit une chaussée qui part de Grigny. Diocése & élection de Paris. Naiss. 6, mar. 1, mor. 2, feux 44.

Le Plessis-Bouchart, à quatre lieues & demie au N. de Paris, & deux lieues à l'Ou., est dans la plaine, auprès de la Garenne de Bessancourt, ayant Eau - Bonne à une lieue au S.-E., & à même distance Saint-Leu au N., avec la forêt de Montmorency. On trouve dans ce canton du sable & des cailloux roulés. Diocése & élection de Paris. Naiss. 7, mar. 1, mor. 8, feux 42.

Le Plessis-du-Bois, ou *Pomponne*, à huit lieues à l'E. de Paris, & près de cinq au N., est dans la plaine, à l'Ou., & à égale distance de Plessis-l'Evêque & d'Yverny. Il a un parc & un petit bois. Diocèse & élect. de Meaux. Naiss. 7, mar. 1, mor. 8, feux 39.

Le Plessis-Gassot, à cinq lieues & demie au N. de Paris, & à une lieue & demie à l'E., entre le Menil-Aubry au N., & Bouqueval au M. Les environs sont plantés de belles avenues. Il est en plaine, à un quart de lieue de la route de Chantilly. Diocèse & élection de Paris, ressort du Châtelet. Naiss. 4, mar. 1, mor. 3, f. 15.

Le Plessis-l'Evêque, à huit lieues & un quart à l'E. de Paris, & presque cinq au N., se distingue au haut d'une côte, dans la plaine, entre Yverny & Cuisy, ayant à l'Ou. le Plessis-du-Bois. Il est dans la Brie, diocèse & élection de Meaux. Naiss. 7, mar. 2, mor. 7, feux 43.

Le Roule, au haut du fauxbourg Saint-Honoré, est aujourd'hui une Paroisse considérable; c'est par-là que passe la superbe route qui conduit à Neuilly. Diocèse & élect. de Paris.

Les Alluets-le-Roi, à huit lieues à l'Ou. de Paris, & une lieue au N. Elle est en plaine, entre Herbeville, au S.-Ou., & Morainvilliers au N.-E., & donne son nom à la forêt, qui contient plus de seize cents arpens. Diocèse de Chartres, gén. & élection de Paris, ressort du Châtelet. Naiss. 15, mar. 3, mor. 16, feux 88.

Les Breviaires, à dix lieues à l'Ou. de Paris, & trois lieues & demie au S., a au M., à demi-lieue, la forêt de Rambouillet, & au N.-E. celle de Saint-Léger, de huit cents arpens environ. Le vaste étang de Port-Royal est à son E. Ce lieu est dans la Beauce, diocèse de Chartres, gén. de Paris, élect. de Montfort. Naiss. 10, m. 4, mor. 15, feux 78.

Les Chapelle-Breteuil, à neuf lieues & demie à l'E. de Paris, & deux lieues trois quarts au S. Elle est dans la plaine, à l'Ou. d'un petit ruisseau, & ayant au N. le beau parc de Champ-Rose. Au M. est un petit bois. Elle est en Brie, diocèse de Meaux, gén. de Paris, élect. de Rosoy. Naiss. 2, mar. 1, mor. 3, feux 19.

Lesches, à huit lieues à l'E. de Paris, & deux lieues au N., dans une gorge que forment de petits côteaux ; ayant au N. & à l'Ou., à un quart de lieue, la Marne, qui contourne beaucoup dans ces environs. Lesches a au M. Chalifer, & au N. Jabelines. Il est dans la Brie, diocèse de Meaux, généralité de Paris & élection de Meaux. Naiss. 6, mar. 1, mor. 35, f. 26.

Les Clayes, à six lieues & demie à l'Ou. de Paris, & une demi-lieue au S., est isolée sur une monticule, entre Ville-Preux au N.-E., & Plaisir au S.-Ou. Il y a un petit château, & au M. le bois des Clayes, de cent quatre-vingt arpens environ. Ce lieu est dans la Beauce, diocèse de Chartres, généralité de Paris, élection de Montfort, ressort du Châtelet. naiss. 10, mar. 1, mor. 8, feux 46.

Les Essarts - le - Roi, à plus de huit lieues à l'Ou. de Paris, & trois lieues au S., sur la route de Trapes à Rambouillet, ayant au M. Fargis, à l'E. les Lays, & à l'Ou. l'étang du Port - Royal, avec le bois Saint - Léger. Cette Paroisse est dans la Beauce, diocèse de Chartres, génér. de Paris, élect. de Montfort, ressort du Châtelet. naiss. 20, mar. 7, mor. 24, feux 89.

Lesigny, à cinq lieues à l'E. de Paris, & deux lieues & demie au S., est sur le bord du ruisseau le Réveillon ; a au M. l'abbaye d'Yverneau, au N. le château de Villarceau, & à l'Ou. le bois de Notre - Dame, lequel a aux environs de dix-sept cents arpens. Diocèse & élection de Paris. Naiss. 12, mar. 2, mor. 11, feux 67.

Les Lays, à près de huit lieues à l'Ou. de Paris, & trois fortes lieues au S., est à demi-lieue des Essarts-le-Roi, à l'Ou. ; une lieue de Maincourt à l'E., & au M. de l'abbaye d'Yvette, dont elle est séparée par cette rivière, à sa source. Il a un petit bois à l'E., d'environ cent arpens. Diocèse & élection de Paris. Naiss. 6, mar. 2, mor. 9, feux 45.

Les Loges, à trois lieues & demie à l'Ou. de Paris ; & deux lieues au S., entre Buc, au N.-Ou., à demi-lieue, & Jouy à même distance, à l'E. Au N. sont plusieurs bois, composant celui de Versailles & de Cour-Roland. Il y a un couvent d'Augustins Déchaussés. Cet endroit est du diocèse & de l'élect. de Paris. Naiss. 10, mar. 1, mor. 13, feux 37.

Les Menuls, à neuf lieues un tiers à l'Ou. de Paris, & deux lieues au S., sur un des bras de la Maudre, est à une lieue de Monfort, au N.-Ou., & demi - lieue du bois Saint - Léger, au M., ayant Saint - Remy à l'E., à une grande lieue, & Bazoches au N., à même distance. Dans la Beauce, dioc. de Chartres, gén. de Paris, élect. de Monfort. Naiss. 19, mar. 4, mor. 16, feux 136.

Les Molieres, à cinq lieues à l'Ou. de Paris, & près de cinq au S., se rencontre sur le bord d'un bois, ayant au N.-Ou. les Trous, à demi - lieue, & Limours à une grande lieue au M. par delà la route de Dourdan. Isle de France, diocèse, & élection de Paris. Naiss. 16, mar. 5, mor. 15, feux 90.

Les Mureaux, à huit lieues à l'Ou. de Paris, & quatre lieues & démie au N., au M. de Meulan; se voit sur un ruisseau qui se jette là dans la Seine, ayant le bois de Verneuil à l'E., à demi-lieue, & Bouassle au M. à une lieue. Dans la Beauce, Diocèse de Chartres, élection de Mantes. Naiss. 21, mar. 5, mor. 29, feux 129.

Les Trous, à cinq lieues à l'Ou. de Paris, & quatre lieues & demie au S., village en plaine, avec château, ayant les Molieres au S.-E., à demi-lieue, & Choisel à trois quarts de lieue à l'Ou. Des petits bois sont aux environs. Au N., à une lieue, il voit la ville de Chevreuse. On y trouve du grés. Diocèse & élection de Paris. Naiss. 6, mar. 1, mor. 7, feux 41.

Les Veaux-de-Cernay, abbaye à sept lieues & demie à l'Ou. de Paris, & quatre lieues au S., paroît sur un étang qui fournit un des bras de l'Yvette, entre deux bois à l'E & à l'Ou. Elle fut fondée en 1128, & est de l'ordre de Citeaux. Dans le diocèse de Paris. Cette abbaye dépend de Cernay.

L'Étang-la-Ville, à cinq lieues à l'Ou. de Paris, & une lieue au N., se trouve à la source d'un petit ruisseau, au M. de Mareil, à une demi-lieue, & autant de Marly à l'E. La forêt de Marly l'environne de tous côtés, excepté de celui du N. Diocèse & élect. de Paris. Naiss. 13, mar. 3, mor. 8, feux 91.

L'Étang-Pequeux, à neuf lieues à l'E. de Paris, & six lieues & demie au S., sur le bord d'un étang & d'un ruisseau qui va se jetter dans l'Yeres. Verneuil est à une demi-lieue au N., & Guigne à l'Ou., sur la route de Provins. Diocèse de Sens, généralité de Paris, élection de Melun. Naiss. 3 , mar. 1 , mor. 2, feux 18.

Le Tilhay, à deux lieues & demie à l'E. de Paris, & quatre lieues deux tiers au N., sur le ruisseau de Crou, à demi-lieue au N. de Gonesse, un quart de lieue de Vauderlan à l'E., & autant de Goussainville au N. Il est dans un vallon, & a à son N. un château. Diocèse & élection de Paris, ressort du Châtelet. Naiss. 12, mar. 6, mor. 19, feux 180.

Le Tremblay, à huit lieues & demie à l'Ou. de Paris, & une lieue & demie au S., sur un ruisseau & sur la route qui va d'Elancourt à Monfort, est à un quart de lieue de Bazoches, à l'Ou., & une demi-lieue de Jouarre au N.-E. Il y a un parc & un petit château. Ce lieu est dans la Beauce, diocèse de Chartres, généralité de Paris, élection de Montfort, ressort du Châtelet. Naiss. 20, mar. 4, mor. 11, feux 101.

Levis, ou *Saint-Nom de Levis*, à sept lieues à l'Ou. de Paris, & trois lieues au S., sur un des bras de l'Yvette, à une grande lieue de Maincourt au M., & une lieue des Lays au S.-Ou. Levis est au haut d'un côteau. Isle de France, diocèse & élection de Paris, ressort du Châtelet. Feux 40.

Leuville, à six lieues au S. de Paris, & une lieue un quart au S., est à demi-lieue de Montlhery au N., près de la grande route d'Orléans, à l'Ou. d'un grand bois du même côté, de deux cents arpens sur cette feuille, & à un quart de lieue de l'Orge, riviere. Dans l'Isle de France, diocèse & élection de Paris, ressort du Châtelet. Naiss. 36, mar. 7, mor. 39, feux 208.

L'Hay, à une lieue & demie au S. de Paris, sur le haut de la côte du ruisseau de Bievres, entre Bourg-la-Reine à l'Ou., & Chevilly à l'E., se trouve au N. de la route qui conduit de Chevilly à Sceaux. Diocèse & élection de Paris, ressort du Châtelet pour les cas présidiaux. Naiss. 14, mar. 2, mor. 10, feux 63.

Lieusaint, à quatre lieues à l'E. de Paris, & près de six lieues au S., se remarque sur la grande route de Melun, ayant Ormoy à l'Ou., & Moissy à une petite lieue à l'E. Ce village est dans la plaine, & a au N. un petit ruiſſeau. Les environs en paroiſſent arides. Diocéſe & élection de Paris. Naiſſ. 21, mar. 3, mor. 11, feux 87.

Limay (c'eſt *Limeil*), à deux lieues à l'E. de Paris, & deux lieues & demie au S., paroît fur la route qui paſſe par Valenton, tout auprès, au N., & qui ſe termine à Yeres. Il eſt fur le haut d'une petite côte, & a au N.-E. le parc, avec le château de Brevanne. On y trouve de la pierre meuliere. Diocéſe &élection de Paris. Naiſſ. 14, mar. 1, mor. 12, feux 61.

Limoges, à ſix lieues & un quart à l'E. de Paris, & autant au S., ſe trouve entre Fourches, à l'E., & Cramayel à une lieue à l'Ou., de l'autre côté de la grande route de Melun. Il a un petit bois au N., avec une longue avenue qui le traverſe. Il eſt dans le Gatinois, diocéſe de Sens, généralité de Paris, élection de Melun. Naiſſ. 7, mar. 2, mor. 3, feux 32.

Limours & *Chaumuſſon*, à cinq lieues à l'Ou. de Paris, & un peu plus au S., auprès d'un grand bois à l'E., de ſept cent quatre-vingt arpens environ, eſt à quatre cents toiſes du chemin de Dourdan; ayant Pequeuſe à l'Ou., & Forges au S.-E., à une bonne demi-lieue. Diocéſe & élection de Paris, reſſort du Châtelet. Naiſſ. 29, mar. 7, mor. 29, feux 155.

Linas, à cinq quarts de lieues à l'Ou. de Paris, & près de ſix lieues au S., fur un petit ruiſſeau qui ſe perd dans la riviere de l'Orge, ayant Saint - Michel à l'E., Montlhery au N., Leuville au M., & Marcouſſys à l'Ou., avec une partie de bois de douze cents arpens environ. Diocéſe & élection de Paris. Naiſſ. 55, mar. 13, mor. 39, f. 268.

Liſſy, à ſix lieues & trois quarts à l'E. de Paris, & ſix lieues au S., ſe découvre au milieu de la plaine, tout auprès de Fourches, à l'E., & à une forte demi-lieue de Champ-Deuil; il a au N. Solognes, fur la riviere d'Yeres. Diocéſe & élection de Paris. Naiſſ. 6, mar. 1, mor. 7, feux 23.

Liverdis, à huit bonnes lieues à l'E. de Paris, & à près de quatre lieues au S., eſt au bord d'un étang, qui, avec deux autres, le ſépare de Châtre, qui eſt à l'E.; au M. de Liverdis eſt un fort grand bois de cinq cents arpens environ, & à l'E. un ruiſſeau qui ſe jette au S. dans la riviere

riviere d'Yeres, à l'E. d'Ozouër - le - Vougis. Diocèse de Meaux, gén. de Paris, élection du Rosoy. Naiss. 11, mar. 6, mor. 23, feux 72.

Livry, à quatre lieues à l'E. de Paris, & deux lieues & demie au N., a Clichy-en-l'Aunoi au S., à quatre cents toises, & Vaujours à l'E. N., à une demi-lieue. Il est entouré des bois de la forêt de Bondy, & n'est pas loin de la grande route de Meaux. C'est une châtellenie. Diocèse & élection de Paris, ressort du Châtelet. Naiss. 21, mar. 5, mor. 15, feux 115.

Lognes, à cinq lieues & demie à l'E. de Paris, se trouve à l'E.-S. du bois de Boulay, de deux cent soixante arpens; à Beaubourg au M., à une demi-lieue, & Champs au N.-O., à trois quarts de lieue. Un château est auprès, & un autre est au N. Diocèse & élection de Paris, ressort du Châtelet. Naiss. 2, mar. 1, mor. 2, feux 18.

Longchamp, Abbaye à près de deux lieues à l'Ou. de Paris, & plus d'une lieue au N., est au bout du bois de Boulogne, & près de la Seine, à l'Ou. Cette abbaye est de filles, de l'ordre de Sainte-Claire, fondée par Isabelle de France, sœur de Saint-Louis. Cette abbaye dépend de Boulogne. Diocèse & élection de Paris, ressort du Châtelet.

Longperrié, à six lieues E. de Paris, & autant au N., près de la route de Soissons & de Dammartin. Il est dans la plaine, à trois quarts de lieue de Moussy, à l'Ou. Dans la Brie, diocèse de Meaux, gén. de Paris, élection de Meaux. Naiss. 18, mar. 6, mor. 15, feux 78.

Longpont, Prieuré à trois quarts de lieue à l'Ou. de Paris, & cinq & demie au S., paroit sur le bord de la riviere de l'Orge, à un quart de lieue de Montlhery à l'Ou., & à une petite lieue de Sainte-Genevieve-des-Bois à l'E. C'est un Prieuré de l'ordre de Saint-Benoît, congrégation de Cluny, fondé en 1064 par Guy Troussely, Sire de Montlhery, qui s'y rendit Religieux. Diocèse & élection de Paris, ressort du Châtelet. Naiss. 18, mar. 8, mor. 23, feux 125.

LONJUMEAU, à trois quarts de lieue à l'Ou. de Paris, & à quatre lieues au S., est un Bourg situé sur la route d'Orléans, au M. de Chilly, & à l'E. de Sceaux-les-Chartreux: l'Yvette le baigne au N. Diocèse & élection de Paris ; reſſort du Châtelet. Son marché en fait un lieu conſidérable. Ce canton a du plâtre , de la glaiſe & des coquilles foſſiles. naiſſ. 45 , mar. 11 , mor. 44 , feux 355.

Louveciennes , à quatre lieues à l'Ou. de Paris , & trois quarts de lieue au N. , paroît à l'E. de la route de Verſailles à Marly , & près de l'aqueduc. Le parc & les jardins en ſont charmans , & attirent bien des ſpectateurs. Non loin de ce lieu on trouve de la pierre meuliere. Dioceſe & élection de Paris , reſſort du Châtelet en partie. Naiſſ. 39 , mar. 8 , mor. 33 , feux 159.

LOUVRES , Bourg à trois lieues à l'E. de Paris , & près de ſix lieues au N. , eſt ſur la grande route de Paris à Senlis ; à une demi-lieue de Chenevieres à l'E. , & Fontenay-les-Louvres à une lieue à l'Ou. Ce Bourg eſt dans le Pariſis , dioceſe & élection de Paris , reſſort du Châtelet en partie. C'eſt un lieu de poſte. A ſon M. , dans la plaine , on rencontre de la pierre à plâtre & du ſable. Naiſſ. 33 , mar. 5 , mor. 31 , feux 173.

M.

Magny-les-Hameaux , à cinq lieues à l'Ou. de Paris , & deux lieues & demie au S. , ſur un ruiſſeau qui paſſe à Châteaufort & va ſe perdre dans l'Yvette , au M. de Gif. Magny eſt au N. de Milon , & au M. de Voiſins-le-Bertonneux , à trois quarts de lieue. Au M. on trouve de la pierre meuliere , & au N. du grès. Dioceſe & élection de Paris. Naiſſ. 12 mar. 6 , mor. 24 , feux 75.

Magny-le-Hongre , à neuf lieues à l'E. de Paris , & trois quarts de lieue au N. , eſt à la ſource d'un petit ruiſſeau qui va au N. ſe jetter dans la Marne. Un bois de près de cinquante arpens eſt au M. de Magny ; Coutevrons eſt à ſon E. , à trois quarts de lieue , & Serris à ſon S. Ou. , à même diſtance ; il a Bailly préciſément à ſon M. Dioceſe de Meaux , gén. de Paris , élection de Meaux. Naiſſ. 5 , mar. 1 , mor. 11. feux , 56.

Maincourt , à ſix lieues trois quarts à l'Ou. de Paris , & trois lieues & demie au S. , ſur l'Yvette , eſt à demi-lieue de Dampierre , à l'E. , & les Lays à l'Ou. , à trois quarts de lieue. Au M. font les bois de l'abbaye de Vaux-Cernay, & au N. Chevreufe. Ce pays offre de la pierre meuliere. Diocéfe & élection de Paris. Naiff. 3 , mar. 2, mor. 7, feux 23.

Maifons, à trois lieues & demie à l'Ou. de Paris , & trois lieues au N. , eft auprès de la Seine, où il y a un bac, au bord de la forêt de Saint-Germain, à demi-lieue de Sartrouville à l'E., & autant du Mefnil, au M. Ce fuperbe endroit, par fon architecture, fes jardins & fes dépendances, vient d'être vendu par le Marquis de Soye-court, à Monfeigneur le Comte d'Artois, Dioc. de Chartres, élect. de Paris, reffort du Châtelet. Naiff. 30, mar. 5, mor. 28, feux 184.

Maifons, près de Charenton, à trois lieues & demie à l'E. de Paris, & une lieue au S., fe rencontre fur la route de Charenton à Villeneuve-Saint-Georges, à l'Ou. de Creteil, à demi-lieue, autant de Saint-Maurice au N., & autant de Vitry à l'Ou. Ce lieu eft dans la plaine. Le canton eft abondant en pierre de taille & en pierre coquil-liere. Diocéfe & élection de Paris, reffort du Châtelet. Naiff. 31, mar. 6, mor. 32, feux 118.

Malnoue, Abbaye à près de cinq lieues à l'E. de Paris, & un quart de lieue au S., eft fur la route pavée de Saint-Maur à Ferrieres ; a à fon N.-E. le bois de Boulay, de deux cent foixante arpens , & au S.-Ou. le bois Saint-Martin, de neuf cents arpens au moins. C'eft une Abbaye de filles, ordre de Saint-Benoît, fondée en 1171. Pays de plaine. Diocéfe & élection de Paris, reffort du Châtelet. Cette Abbaye dépend d'Emery.

Mandres , à près de quatre lieues à l'E. de Paris, & autant au S., village en plaine, eft près de la riviere d'Yeres, au N. de Bouffy, à l'Ou.-N. de Périgny , & à l'E. de Brunoy, ayant la route de Brie à une lieue à l'E. On y trouve de la pierre meuliere. Diocéfe & élection de Paris. Naiff. 15, mar. 5, mor. 12, feux 99.

Marchemorel, à huit grandes lieues à l'E. de Paris , & fix lieues au N., eft un village en plaine, au N.-Ou. de Saint-Souplets, & d'un ruiffeau qui prend fa fource au M., à un quart de lieue ; à l'Ou., à demi-lieue, eft un grand bois, & le prieuré du Sépulcre. Ce village eft dans la Brie ; diocèfe de Meaux, gén. de Paris & élection de Meaux. Naiff. 9 , mar. 3 , mor. 6 , feux 46.

Marcouffys, à deux lieues à l'Ou. de Paris, & cinq lieues & demie au S., fe trouve fur un ruiffeau, au penchant de la côte, à une lieue de Montlhery à l'E,, & autant de Nofay au N. Son églife paroiffiale eft dédiée à la Magdeleine : des bois confidérables couvrent la côte feptentrionale. Ce canton eft plein de pierre meuliere, de fables & de grès. Diocèfe & électionde Paris , reffort du Châtelet. Naiff. 44 , mar.7 , mor. 51 , feux 240.

Marcouffys, Abbaye que l'on en fépare ici, n'eft autre chofe que les Céleftins qui font tout auprès, à l'Ou. de cette paroiffe , ce qui doit faire regarder la paroiffe & l'abbaye comme ne compofant qu'un même endroit, connu fous le nom de Marcouffys. Cette Abb. eft détruite.

Marcq , à près de dix lieues à l'Ou. de Paris , & trois quarts de lieue au N. , eft au bas d'une petite monticule , auprès de la route de Maulle , à l'E. , à Montfort. Le bois de Beine , de plus de quatre cents arpens , eft à fon E. Marcq eft dans la Beauce, diocèfe de Chartres, gén. de Paris , élection de Montfort. Naiff. 12 , mar. 3 , mor. 21 , feux 48.

Mareil-Maudres , à près de huit lieues à l'Ou. de Paris, & une lieue & demie au N. , fur la Mauldre, eft fur la route qui va de Roquencourt à Maulle. Il a Montainville au M. , & Herbeville au N. Maulle en eft à une demi-lieue au N.-Ou. Diocèfe & élection de Paris. Naiff. 11 , mar. 2 , mor. 12 , feux 75.

Mareil-fous-Marly, à près de cinq lieues à l'Ou. de Paris, & à une bonne lieue au N. , fur la route d'Elancourt à Joyenval, eft à demi-lieue au M. de Saint-Germain, & une demi-lieue au N. de l'Etang ; ayant à l'Ou. & au M. la forêt de Marly. Non loin , à fon Ou., on trouve du fable & du grès. Diocèfe & élection de Paris. Naiff. 10, mar. 5 , mor. 18 , feux 115.

Mareil-fous-Montfort, à neuf lieues à l'Ou. de Paris , & plus d'une lieue au S. , fe trouve à une lieue au N.-E. de Montfort, à demi-lieue de Mercy à l'Ou., & à un quart de lieue de Bazoches au M. Il eft dans la Beauce , diocèfe de Chartres, gén de Paris, élection de Monfort. Naiff. 8, mar. 2, mor. 9, feux 41.

Mareuil-fur-Marne, à près de dix lieues à l'E. de Paris, & deux lieues & demie au N., fur le bord de la Marn: à l'E., fe trouve à une demi-lieue au M. de Villenoys. & à trois quarts de lieue des ifles Villenoys au S.-E. Il eft dans la Brie, diocèfe & élection de Meaux. Feux, 164.

Marjency, Paroiffe dans l'Ifle de France, à près de cinq lieues au N. de Paris, eft à l'Ou. & tout auprès d'*Andilly*, auquel nous renvoyons pour les autres détails qui font communs à l'un & à l'autre. La forêt de Montmorency, qui eft au N., eft abondante en pierre mel. liere, en grès & en fable. Diocèfe & élection de Paris. Naiff. 5, mar. 1, mor. 2. On le joint à Andilly pour le nombre de feux.

Marly, Paroiffe dans l'Ifle de France, diocèfe & élection de Paris, reffort du Châtelet, eft à quatre lieues & demie à l'Ou. de Paris, & trois quarts de lieue au N., entre Louveciennes, à l'E., & l'Etang à l'Ou. C'eft auprès de ce village que Louis XIV a fait conftruire le magnifique château, les jardins, les parterres, le parc, qui compofent Marly, & la fameufe machine hydraulique inventée par le Chevalier de Ville : machine prodigieufe, qu'il eft plus aifé d'admirer que d'expliquer, & qui, comme tout le refte de cette Maifon royale, eft un monument du goût, des grandes vues & de la magnificence de Louis XIV. La forêt de Marly eft de deux mille arpens environ. On y trouve beaucoup de grès & de fable. Naiff. 74, mar. 13, mor. 57, feux 250.

Marne, dans l'Ifle de France, diocèfe & élection de Paris, eft à trois lieues à l'Ou. de Paris, entre Villedavré, à une demi-lieue à l'E.-S., & Vaucreffon au N.-Ou, à même diftance : il touche au bois des Fauffes-Repofes, de plus de onze cents arpens, & à la route de Saint-Cloud à Verfailles. On y trouve de la pierre meuliere. Naiff. 6, mar. 3, mor. 5, feux 20.

Marolles, dans la Brie, à quatre lieues à l'E. de Paris, & trois lieues au S., fe trouve auprès du bois de Boiffy, fur la côte du ruiffeau le Reveillon, entre Senteny à l'E.-S., à demi-lieue, & Villecrefne au S.-Ou, à même distance. De petits bouts de chaussée sont construits dans ce canton, sur le Reveillon, pour en faciliter le passage. A son N. se trouvent du sable & de la pierre anculiere. Marolles est du diocése & de l'élection de Paris. Naiss. 3, mar. 1, mor. 5, feux 34.

Massy, à une grande lieue à l'Ou. de Paris, & trois lieues au S., est sur la route qui part du grand pavé d'Orléans pour aller à Dourdan. Au N. de Massy, à demi-lieue, coule le ruisseau de Bievre. Ce lieu est dans l'Isle de France, diocése & élection de Paris, ressort du Châtelet. Pays à sable. Naiss. 37, mar. 5, mor. 33, feux 204.

Maubuisson, Abbaye, est à quatre lieues à l'Ou. de Paris, & six lieues au N., à un quart de lieue de Pontoise à l'Ou., dont elle est séparée par la riviere. C'est une Abbaye de filles, ordre de Citeaux, fondée en 1240, par Blanche de Castille, mere de Saint-Louis. Elle vaue à l'Abbesse 25,000 livres de rente. Diocése & élection de Paris, ressort du Châtelet. Cette Abbaye dépend de Pontoise.

MAULLE, Bourg dans la Beauce, à neuf lieues à l'Ou. de Paris, & cinq lieues & demie au N., est situé dans le contour de quatre chemins, l'un de Rambouillet, l'autre de Roquencourt, le troisieme de Mantes, & le quatrieme de Meulan. La petite riviere de Mandres coule auprès, & plusieurs châteaux & hameaux embellissent ce lieu. Diocése de Chartres, élection de Paris, ressort du Châtelet. Naiss. 47, mar. 11, mor. 29, feux 208.

Maurecourt, annexe d'Andresis, à cinq lieues à l'Ou. de Paris, & quatre lieues & demie au N., est sur le bord de la Seine, au bas de la côte, entre Andresis, à trois quarts de lieue au M., & Jouy au N., à égale distance. Tout le bas de cette côte offre de jolies habitations. On y trouve un peu au N., du granit roulé. Diocése & élection de Paris. Voyez Andresis pour les feux.

Mauregard, à quatre lieues & demie à l'E. de Paris, & cinq lieues & demie au N., se trouve dans la plaine. Il voit Chenevieres à l'Ou.-N., & le Menil-Amelot au M. Il part de Mauregard de longues avenues d'arbres, dont l'une aboutit à Moussy, à l'E., & les autres aux chaussées qui sont au M. Dioc. de Meaux, gén. de Paris, &

Élection de Meaux, Naiff. 5, mar. 2, mor. 9, feux 57.

Maurepas, élevé dans la plaine entre deux côteaux, à sept lieues trois quarts à l'Ou. de Paris, & près de deux au S., voit à fon M. un petit bois, & à fon N. couler un ruiffeau. La route de Trapes à Rambouillet paffe à demi-lieue à l'E., & Coigneres eft à une lieue au M. de Maurepas. Ce lieu qui a le titre de Comté, eft dans la Beauce, diocèfe de Chartres, gén. de Paris, élection de Montfort, Naiff. 8, mar. 1, mor. 4, feux 49.

Medan, à fix lieues & demie à l'Ou. de Paris, & trois fortes lieues au N., eft fitué fur le bord de la Seine à l'E., entre Vernouillet au N., à demi-lieue, & Vilaine au M., à même diftance. Sur le plateau de cette côte, font nombre de hameaux que domine une autre côte plus élevée. Canton à pierre coquilliere. Medan eft du diocèfe & de l'élection de Paris. Naiff. 6, mar. 3, mor. 5, feux 33.

Menil-Saint-Denis, à fept lieues à l'Ou. de Paris, & deux lieues & demie au S., eft un village en plaine, à demi-lieue au M. de la Verriere, & une lieue de Coigneres, fur la route de Trapes à Rambouillet. Il y a un petit parc attenant le village : à l'E., à une lieue eft Port-Royal, & au M. l'Yvette. Diocèfe & élection de Paris, reffort du Châtelet. Naiff. 17, mar. 4, mor. 20, feux 89.

Menucourt, à fix lieues & demie à l'Ou. de Paris, & cinq lieues au N., dans un grand vallon que forment deux côtes oppofées, a Boifemont à l'E., à demi-lieue ; Courdimanche au N., à même diftance. Menucourt eft auprès de la route, à l'Ou. de Pontoife à Meulan. Il a un château à l'Ou. Ce lieu eft dans la Beauce, diocèfe de Chartres, gén. de Paris, élection de Mantes. Naiff. 8, mar. 2, mor. 7, feux 64.

Mercy-Saint-Denis, à près de dix lieues à l'Ou. de Paris, fe trouve au N., & près de Montfort, prefqu'au haut de la côte ; ayant Mareil-fur-Maudres à l'E., à une bonne demi-lieue. Il eft dans la Beauce, diocèfe de Chartres, gén. de Paris, élection de Montfort. Naiff. 21, mar. 6, mor. 22, feux 140.

Meffy, à fix lieues trois quarts à l'E. de Paris, & près de quatre au N., eft fitué dans la plaine, ayant à l'Ou. le village de Creffy, à demi-lieue; Saint-Mefme au N., à même distance, & Charny à l'E., à une bonne lieue. Une avenue conduit de Meffy à la chauffée qui est au N. Diocèfe de Meaux, gén. de Paris, & élection de Meaux, reffort du Châtelet. Naiff. 23, mar. 3, mor. 27, feux 117.

Meudon, à une lieue trois quarts à l'Ou. de Paris, & une lieue & demie au S., est fitué près de la route & du bois du même nom. C'eft une maifon royale, dont le château eft bâti fur une éminence d'où l'on découvre tout Paris & les endroits circonvoifins : auprès & fur le penchant de la fuperbe terraffe qu'on y remarque, eft le couvent des Capucins, leur premiere maifon en France. Le bois de Meudon a environ fix cents arpens. Meudon eft du diocèfe & de l'élection de Paris, reffort du Châtelet pour les cas préfidiaux. Naiff. 89, mar. 22, mor. 95, feux 298.

MEULAN, Ville, partie dans le Vexin François; diocèfe de Rouen; partie dans la Beauce, diocèfe de Chartres, eft fur la Seine, qui la fépare & la partage entre ces deux Pays. Elle eft le fiége d'un grenier-à-fel, & d'un bailliage reffortiffant au préfidial de Mantes. Il y a au château, une paroiffe & un monaftere de Bénédictins : & dans la ville, outre les trois paroiffes, deux couvents de Bénédictines & de Récolets, une chapelle Saint-Avoye, un couvent d'Annonciades, & un hôtel-Dieu. Meulan a une manufacture confidérable de cuirs. Il eft à huit lieues à l'Ou. de Paris, & quatre lieues & demie au N. Diocèfe de Chartres, gén. de Paris; élect. de Mantes. Naiff. 62, mar. 15, mor. 56, feux 322.

Mezy, à huit lieues & demie à l'Ou. de Paris, & quatre & demie au N., fe trouve fur la route de Meulan à Mantes, ayant Hardricourt à demi-lieue au N., & Juziers au M., à même diftance. Meulan n'en eft qu'à un quart de lieue à l'E. Mezy eft du diocèfe de Chartres, gén. de Paris, élection de Mantes. Naiff. 12, mar. 4, mor. 21, feux 156.

Mignaux, à l'Ou. & auprès de Poiffy, feux 23.

Milon (la Chapelle), à cinq lieues à l'Ou. de Paris, & trois lieues au S., eft placée fur le haut de la côte d'un des bras de l'Yvette. Elle a Lambert à fon Oc., Port-Royal à son N.-Ou. , Magny au N. , & Châteaufort à l'E On trouve dans ses environs du grès & de la pierre meuliere. Diocèse & élection de Paris. feux. 35.

Mitry, P. à cinq lieues & un quart à l'E. de Paris, & quatre lieues au N. , est sur le haut d'une petite côte , à demi-lieue au N. de Mory , une lieue de Compans au N.-E. , & à une grande lieue de Tremblay à l'Ou. Les environs de ce lieu sont renommés pour les terres fortes & excellentes en froment. A son Ou. on rencontre de la marne & de la pierre à plâtre. Diocèse de Meaux , gén. de Paris & élection de Meaux, ressort du Châtelet. Naiss. 38 , mar. 6, mor. 33 , feux 230.

Moisselles , à six lieues au N. , presque sur le méridien même , & sur la route de Paris à Beaumont, à une grande lieue de Boussemont à l'Ou. , & à même distance de Menil-Aubry , à l'E. Ce village est en plaine. Diocèse & élection de Paris. Naiss. 13 , mar. 3 , mor. 8 , feux 54.

Moissy-Cramayel, à quatre lieues trois quarts à l'E. de Paris , & six lieues au S. , est sur le chemin pavé qui joint les deux routes de Melun, l'un par Villeneuve-St.-Georges , & l'autre par Brie-Comte-Robert. A l'E. de Moissy est le parc & le château de Cramayel. Diocèse & élection de Paris. Naiss. 16 , mar. 4 , mor. 15 , feux 83.

Montgeron , à deux lieues à l'E. de Paris , & trois lieues & demie au S. , est sur la route de Villeneuve-Saint-Georges à Melun , à demi-quart de lieue de la rivière d'Yeres & de Crosne. Un château est auprès : de belles avenues viennent y aboutir, & une d'elles conduit à Vigneux. Montgeron est au haut de la plaine que contourne la côte de l'Yeres & de la Seine. diocèse & élection de Paris. Naiss. 25 , mar. 7 , mor. 25 , feux 144.

Montagny , à près de trois lieues à l'Ou. de Paris, & quatre fortes lieues au N. , est situé sur le haut de la côte régnante entre Franconville & Cormeil. Il est à demi-lieue d'Herblay, à l'Ou. , & autant de la Frette , au M. , sur la Seine. Pays à pierre à plâtre , à cailloux roulés & coquilliers. Diocèse & élection de Paris. Feux 54.

Montainville , à neuf lieues à l'Ou. de Paris , & deux fortes lieues au N. , village en plaine , près du ruisseau de la Maudre, à demi-lieue au M. de Marcil, & à une lieue au N. du bois de Beine. Il est dans la Beauce, diocèse de Chartres, élection de Paris. Naiss. 21, mar. 2, mor. 21, feux 117.

Montalet, à neuf lieues & demie à l'Ou. de Paris, & six lieues au N., se trouve sur le haut de la côte d'un ruisseau qui va se rendre dans la Seine à Meulan. Ce Montalet est à une demi-lieue de Jambville, à l'E., & de Breuil au M., à même éloignement. Il est dans la Beauce, diocèse de Chartres, gén. de Paris, élection de Mantes. Naiss. 4, mar. 1, mor. 9, feux 32.

Montesson, à près de quatre lieues à l'Ou. de Paris, & deux lieues au N., est placé à l'E. & auprès du bois du Vésinet; a Carrieres-Saint-Denis à l'E., à demi-lieue, & Chattou-sur-Seine au M., à trois quarts de lieue. Canton à pierre de taille. Diocèse & élection de Paris, ressort du Châtelet. Naiss. 41, mar. 6, mor. 39, feux 239.

Montevrain, à sept lieues & demie à l'E. de Paris, & à une lieue au N., près & au M. de la chaussée de Lagny à l'Ou., & de Chessy à demi-lieue. Chanteloup est au M., & à l'Ou. se trouve un bois. Pays à pierre meuliere & à cailloux roulés. Diocèse & élection de Paris. Naiss. 20, mar. 5, mor. 18, feux 126.

Montfermeil, à quatre lieues à l'E. de Paris, & près de deux lieues au N., est situé en plaine, & entouré de grands bois, excepté au M. Il a un château, un charmant parc, & beaucoup d'agréables avenues. Chelles est à son S., à une lieue, & Gagny à même éloignement, entre le M. & l'Ou. On y trouve de la pierre meuliere. Ce village est du diocèse & de l'élect. de Paris. Naiss. 26, mar. 5, mor. 18, feux 147.

MONTFORT, Ville sur une éminence, à dix lieues à l'Ou. de Paris, & une lieue & demie au S., est dans la Beauce, diocèse de Chartres, & chef-lieu d'une élection. Il y a un bailliage, une maîtrise des eaux & forêts, un grenier-à-sel & une maréchaussée : le chapitre qui s'y trouve est de sept prébendes. Son commerce consiste en bleds, vins, cidres, avoines & bois. Naiss. 61, mar. 16, mor. 54, feux 455.

Montgé, à sept lieues & demie à l'E. de Paris, & cinq

lieues & demie au N. , se trouve bordé par un bois considérable de huit cents arpens environ. Cet endroit a Cuisy au S.-E. , & Vinante à son M. On y trouve de la pierre à plâtre. Diocèse de Meaux, gén. de Paris & élection de Meaux. Naiss. 21, mar. 2, mor. 32, feux 146.

Monthion, à neuf lieues à l'E. de Paris , & près de cinq au N. , se trouve sur un tertre, d'où il domine tous les environs. Il a Panchart à son S.-E. , à une lieue, Iverny à l'Ou. , à trois quarts de lieue ; au N. , un étang qui donne naissance à un ruisseau. Monthion a un château, une chapelle & un parc. Diocese de Meaux, gén. de Paris , élection de Meaux. Naiss. 39 , mar. 7 , mor. 32, feux 141.

Montigny, à près de six lieues à l'Ou. de Paris , & deux lieues au S. , se trouve dans la plaine , entre Voisins, au S.-E. , & Trapes à l'Ou.-N. , également distant de l'un & de l'autre , à trois quarts de lieue. Le bois de Trapes est au M. , & au N. sont deux grands étangs. Il est dans la Beauce , diocèse de Chartres , gén. de Paris , élection de Montfort. Naiss. 9, mar. 3, mor. 11, feux 27.

MONTLHÉRY , Bourg dans l'Isle de France, diocèse & élection de Paris , est à une grande lieue Ou. de Paris , & à cinq lieues & demie au S. Il a une justice royale, une prévôté & une châtellenie. C'est un marché à bled pour Paris. Ressort du Châtelet. Naiss. 49, mar. 13, mor. 44, feux 266.

Montmagny, à près de quatre lieues au N. de Paris , se trouve en plaine , au N. de Pierre - Fitte , à demi-lieue , & au M. de Groslay au N. , à même distance. A l'Ou.-N. est le bourg de Montmorency, & à l'Ou. le village de Deuil. Diocèse & élection de Paris. Naiss. 16 , mar. 6, mor. 20, feux 112.

Montmartre , Diocèse & élection de Paris , est sur une hauteur , à une lieue & demie au N. Il y a sur le penchant de la côte une célebre abbaye, dont l'Abbesse est à la nomination royale. Montmartre, élevé sur une grande hauteur , domine tout l'horison , & notamment Paris. Les environs sont remplis de moulins à vents. Il y a aussi beaucoup de carrieres à plâtre. Naiss. 175 , mar. 46, mor. 181, feux 204.

MONTMORENCY, Bourg dans l'Isle de France, diocèse

& élection de Paris, est à quatre lieues & demie au N.
de Paris, tirant un peu vers l'Ou. La côte est abondante
en excellens fruits. Le chapitre de ce lieu est uni à la
congrégation de l'Oratoire ; il y a aussi un couvent de
Mathurins. La forêt de Montmorency est d'environ quatre mille arpens. Toute cette forêt est pleine de pierre
meuliere & de sable. Naiss. 45 , mar. 15 , mor. 46 ,
feux 334.

Montreuil, à deux lieues à l'E. de Paris, & à trois
quarts de lieue au N. , est sur le penchant d'une côte,
dont l'exposition est des plus favorables , ainsi que son
sol , aux excellens fruits qui en viennent. Une route
pavée y conduit du fauxbourg Saint-Antoine. Il a Bagnolet à l'Ou.-N. , & Fontenay au S.-E. Il a à son M. une
vaste plaine sableuse. Diocèse & élection de Paris. Naiss.
335, mar. 26 , mor. 96 , feux 798.

Montreuil-hors-Viroflay ; à trois bonnes lieues à l'Ou.
de Paris , un peu vers le S. , est au N. de la route de Verfailles, à une demi-lieue de Viroflay , & autant des bois
de Fausses-Reposes. A son M. on trouve de la glaise ver-
dâtre. Diocèse & élection de Paris. Naiss. 159 , mar. 38 ,
mor. 126 , feux 286.

Montrouge , à demi - lieue au S. de Paris , est entre
la grande route d'Orléans , & celle qui va à Bievres. Ce
village est en plaine : il a un joli parc. Il est abondant en
pierre de taille. Diocèse & élection de Paris, ressort du
Châtelet. Naiss. 16 , mar. 3 , mor. 17 , feux 54.

Montry , à neuf bonnes lieues à l'E. de Paris , &
une demi-lieue au N. , sur le penchant d'une côte dans
l'angle de deux routes, dont l'une va à Meaux, & l'autre
à Crecy : ayant à l'E. le village de Saint-Germain, au
N. celui de Condé , & à l'E. celui de Coupevray, à une
lieue. Diocèse de Meaux, gén. de Paris & élection de
Meaux. Naiss. 17 , mar. 2 , mor. 15 , feux 85.

Mont - Valerien , à deux lieues un quart à l'Ou. de
Paris , & une lieue au N. , est sur une monticule considérable , d'où l'on domine un horison de plus de deux
lieues de rayon. Le peuple y va en dévotion visiter les
chapelles où l'on a représenté diverses parties de la pas-
sion de J. C. Il y a un couvent d'Hermites, lequel , ainsi

que la Paroiſſe, eſt ſur le haut de la montagne. Diocéſe & élection de Paris. Ce lieu dépend de Nanterre.

Morainvilliers, à ſept lieues & demie Ou. de Paris, &
deux & demie au N. Il eſt ſitué entre deux côtes, ayant
le bois des Alluets à l'Ou., Orgeval à l'E., à une bonne
demi-lieue, & Freſne au N., à une lieue. La route de St.-
Germain à Mantes le laiſſe au M. Diocéſe & élection de
Paris, reſſort du Châtelet. Naiſſ. 18, mar. 4, mor. 18,
feux 105.

Morangis-Louens, à trois lieues trois quarts S. de Paris, & preſque ſous le méridien, eſt à un quart de lieue
de Chilly, auquel il communique par une chauſſée. Viſſous eſt à ſon N., à une lieue, & Lonjumeau à une
demi-lieue au S.-F. Diocéſe & élection de Paris, reſſort
du Châtelet. Naiſſ. 8, mar. 2, mor. 9, feux 58.

Mory, dans la Brie, à cinq lieues & demie E. de
Paris, & quatre lieues au N., eſt ſur un chemin pavé qui
part de Drancy. Mitry eſt au N., à un quart de lieue, &
Greſſy au S.-E., à une lieue. Mory eſt dans la plaine.
Diocéſe de Meaux, gén. de Paris & élection de Meaux.
Naiſſ. 6, mar. 1, mor. 5, feux 26.

Morſan-ſur-Orge, à cinq lieues au S. un peu E. de Paris, eſt ſur la route du village de Ville-Moiſſon à Sainte-
Genevieve des Bois, au N. de la forêt d'Eſtigny; a Ville-
Moiſſon à l'Ou., & Grigny à l'E., à un quart de lieue.
Savigny eſt au N., par-delà la riviere d'Orge. Diocéſe
& élection de Paris, reſſort du Châtelet. Naiſſ. 3, mar. 1,
mor. 2, feux 75.

Moulignon, à près de cinq lieues au N. de Paris,
& une lieue à l'Ou., ſur le bord d'un ruiſſeau, & au bas de
la côte de la forêt de Montmorency. Il a Andilly à l'E.,
Saint-Prix à l'Ou.-N., & Eau-Bonne au M. Diocéſe &
élection de Paris, reſſort du Châtelet. Naiſſ. 5, mar. 2,
mor. 3, feux 37.

Mouſſy-le-Vieil, à cinq lieues à l'E. de Paris, & près
de ſix lieues au N., ſe découvre entre Long-Perrier à l'E.,
Mauregard à l'Ou., & Ville-Neuve preſqu'au M. Trois
avenues d'arbres y conduiſent de loin. Un petit bouquet
de bois eſt au N. Il eſt dans la Brie, Diocéſe & élection de

Meaux, reſſort du Châtelet. Naiſſ. 14, mar. 1, mor. 16, feux 79.

N.

Nanterre, à deux lieues & demie à l'Ou. de Paris, & une lieue & demie au N., eſt dans une belle plaine au N. de Ruel, au M. & à l'Ou. de Courbevoye, à une lieue. Il voit la Seine à l'E., & à l'Ou. Un pont y eſt établi du côté de Chatou. Ce lieu eſt recommandable par la naiſſance qu'y a reçue Sainte-Genevieve, Patrone de Paris. Il y a un college ſous la conduite des Chanoines réguliers. On y trouve de la pierre de taille. Nanterre eſt du dioceſe & élection de Paris, reſſort du Châtelet. Naiſſ. 83, mar. 16, mor. 58, feux 445.

Nantouillet, à ſix lieues trois quarts à l'E. de Paris, & quatre lieues & demie au N., eſt ſur le bord d'un ruiſſeau au bas de la côte, à ſix cents toiſes de Juilly, au N., une demi-lieue de Compans à l'Ou., une demi-lieue de Saint-Meſme au M., & autant de Vinante à l'E. Il y a un château. Il eſt dans la Brie, dioceſe de Meaux, gén. de Paris & élection de Meaux, reſſort du Châtelet. C'eſt un marquiſat. Naiſſ. 8, mar. 3, mor. 8, feux 68.

Neauphle - le - Château, à huit lieues & un quart à l'Ou. de Paris, & une grande demi-lieue au S., eſt ſur la route de Dreux. A l'E., à une demi-lieue, eſt Plaiſir, au M. eſt le bois Sainte-Apolline, de plus de neuf cens arpens, avec le charmant parc de Pontchartrain: à l'Ou. eſt Neauphle-le-Vieil, à trois quarts de lieue; Saint-Anbin en eſt à égale diſtance, ſur la route de Dreux. Neauphle eſt dans la Beauce, dioceſe de Chartres, gén. de Paris élection de Montfort, reſſort du Châtelet. Naiſſ. 33, mar. 7, mor. 32, f. 236.

Neauphle-le-Vieil, dans la Beauce, dioc. de Chartres & élect. de Montfort, eſt à huit lieues trois quarts à l'Ou. de Paris, & une demi-lieue au S. Il eſt ſur un des bras de la Maudres; a Saint-Aubin au M., Vic à l'Ou. Neauphle-le-Château à l'E., & la route de Dreux au M., à une demi-lieue. C'eſt une abbaye d'hommes, ordre Saint-Benoît. La paroiſſe eſt un prieuré-cure. Reſſ. du Châtelet. naiſſ. 47, mar. 8, mor. 23, feux 100.

Neuf-Moutiers, à neuf lieues & demie à l'E. de Paris,

près de quatre lieues au N., se trouve sur le haut de la côte d'un petit ruisseau. Panchard est à son E., à demi-lieue ; le Martray au M., à un quart de lieue, & Ville-roy à cinq quarts de lieue à l'Ou. Il est dans la Brie, diocèse de Meaux, gén. de Paris & élection de Meaux, Naiss. 20, mar. 3, mor. 21, feux 100.

Neufmontiers, à plus de neuf lieues à l'E. de Paris, & deux lieues au S., est un village en plaine, sur une route de la forêt de Cressy. Il est environné de bois & d'étangs : la paroisse, les chapelles, sont au M., à une lieue. Tour-nam au S.-Ou., à une lieue & demie. Neufmontiers est dans la Brie, diocèse de Meaux, gén. de Paris, élect. de Rosoy. Naiss. 11, mar. 3, mor. 13, feux 52.

Neuilly, Chapelle à une lieue & demie à l'Ou. de Paris, est aujourd'hui un lieu considérable. Ce lieu est renommé à cause de sa belle route de Paris à Saint-Germain, & sa proximité du bois de Boulogne. Le pont qu'on y a construit tout récemment sur la Seine, est un chef-d'œuvre d'hydraulique, dû à M. Perronnet. Diocèse & élection de Paris.

Neuilly-sur-Marne, à près de quatre lieues à l'E. de Paris, & une demi-lieue au N., se trouve sur la route de Paris à Chelles & à Lagny. Il a Noisy-le-Grand à l'E.S., de l'autre côté de la riviere : le bois de Neuilly, de plus de cent cinquante arpens, est au N.-Ou. Ce village est en plaine, diocèse & élection de Paris, ressort du Châtelet. On y trouve de la pierre coquillière. Naiss. 24, mar. 4, mor. 28, feux 133.

Nesée, à neuf bonnes lieues à l'Ou. de Paris, & trois lieues au N., est sur la riviere de Maudres, qui la sépare de la Falane paroisse. Il a à son N., Aubergenville, à demi-lieue, Aunay au M., à même distance : deux routes sont auprès ; celle qui conduit à Mantes, & celle qui mene à Meulan. Nesée est dans la Beauce, diocèse de Chartres, gén. de Paris & élection de Mantes. Naiss. 15, mar. 3 mor. 18, feux 88.

Nogent-sur-Marne, à près de trois lieues à l'E. de Paris, & sur la même perpendiculaire, est près de la route de Brie-sur-Marne, & placé sur une éminence. Il a Fonte-nay au N., à demi-lieue ; le bois de Vincennes à l'Ou., & Brie à l'E. Nogent a été autrefois une ville. On y trouve du grès & du fable. Diocèse & élection de Paris. Naiff. 33, mar. 8, mor. 24, feux 201.

Noifeau-fur-Amboile, à quatre lieues à l'E. de Paris, & une bonne lieue & demie au S., fe trouve fur la route particuliere d'Amboile à Lefigny. Le grand bois de Notre-Dame, de dix-huit cents arpens environ, eft à fon M.; la Queue & Pontault à l'E., à une lieue; Amboile au N., & tout auprès, & Sucy au S.-Ou. Un petit ruiffeau coule entre Amboile & Noifeau, & un joli parc les fépare. La route de Tournam n'en eft qu'à un quart de lieue, à l'E. On y trouve de la pierre meuliere, du grès & du fable. diocèfe & élection de Paris, reffort du Châtelet. Naiff 6, mar. 1, mor. 5, feux 32.

Noify - Bailly, à cinq lieues à l'Ou. de Paris, eft fitué fur la route de Roquencourt à Maulle. La forêt de Marly eft au N., Saint-Nom à l'E., fur la même route; Renne-Moulin au M., & Roquencourt à l'E., à une lieue. Noify eft dans la Beauce, diocèfe de Chartres, gén. de Paris, élection de Montfort. Naiff. 24, mar. 6, mor. 15, feux 236, avec Bailly.

Noify-le-Grand, à quatre lieues à l'E. de Paris, & près d'une demi-lieue au N., fur le bord, & au M. de la Marne, eft près de la route qui va de Brie à Conches. Un joli parc & un château ornent cet endroit. Il voit Neuilly-fur-Marne au N., & Gournay à l'E. Diocèfe & élection de Paris, reffort du Châtelet. Naiff. 29, mar. 5, mor. 31, f. 179.

Noify-le-Sec, à deux grandes lieues à l'E. de Paris, & une lieue & demie au N. Ce lieu, qui a la route de Meaux à un quart de lieue au N., eft dans la plaine, au bas de la côte qui fe trouve au S. Il voit Pantin à l'Ou., à trois quarts de lieue; Baubigny au N., à même diftance, & Bondy au N.-E., à une lieue. Tous ces endroits font agréables, & ce canton eft fort peuplé. Noify-le-Sec eft du diocèfe & de l'élection de Paris, reff. du Châtelet. Naiff. 47, mar. 13, mor. 37, f. 261.

Noifiel, à cinq lieues à l'E. de Paris, & une demi-lieue au N., touche à la riviere de Marne, & eft à quatre cens toifes de la route de Conches, au M. Il a Champs à fon Ou.-S., tout auprès; Logaes au M., à demi-lieue,

&

& Torcy à l'E., à trois quarts de lieue environ. Tout ce
canton est orné de parcs & de châteaux. Noisiel est du
diocèse & de l'élect. de Paris, ress. du Châtelet. Naiss. 4 ,
mar. 1, mor. 5, feux 28.

Nosay, à cinq lieues au S. de Paris, & près de deux
lieues à l'Ou. , est un Village en plaine, à une bonne
lieue de Marcouffys au M. , & à un quart de lieue de
Villarseau au N. : Ville-du-Bois est à l'E. , à demi-lieue ,
& entre deux est un petit bois d'environ soixante - neuf
arpens. On y trouve du grès & du sable. Diocèse &
élection de Paris. Naissances 9 , mariages 3 . mor. 7 ,
feux 44.

<h2 style="text-align:center">O.</h2>

Oinville, à neuf lieues à l'Ou. de Paris, & cinq &
demie au N. Il est sur un ruisseau qui va se perdre dans
la Seine à Meulan; il a Breuil à son Ou. , Gaillon à l'E. ,
Scraincourt au N.-E. Diocèse de Chartres, généralité de
Paris , élection de Mantes. Naiss. 18 , mar. 5 , mor. 13 ,
feux 126.

Orangis, à une grande lieue à l'E. de Paris, & cinq
lieues & demie au S. Il est dans la plaine , entre Plessis-
le-Comte , à un fort quart de lieue à l'Ou. , & la route
de la Ferté-Aleps , dans le même éloignement , à l'E. ;
Courcouronne est au M. , à une lieue. Pays à pierre meuliere. Diocèse & élection de Paris , ressort du Châtelet.
Naiss. 1 , mar. 1 , mor. 2 , feux 9.

Orgeval, à près de sept lieues à l'Ou. de Paris, & deux
grandes lieues au N. , se rencontre sur le bord d'un ruisseau , dont la source est à une demi-lieue au M. Il a Egremont au S.-E. , à une lieue ; Morainvilliers au N.-Ou. ,
presqu'à même distance. La route ancienne de Saint-Germain à Mantes passe au N. d'Orgeval. On y trouve de la
pierre meuliere , de la glaise & du sable. Diocèse & élection de Paris , ressort du Châtelet. Naiss. 44 , mar. 10 ,
mor. 39, feux 282.

Orly, à une grande lieue à l'E. de Paris, & deux
lieues & demie au S. , se trouve à un quart de lieue au
N. de Villeneuve-le-Roi , & sur un chemin qui va de la
route de Fontainebleau jusqu'à la Seine. Un fort beau

parc, un château & d'agréables avenues ornent cet endroit. Diocèse & élection de Paris, ressort du Châtelet pour les cas présidiaux Naiss. 16, mar. 2, mor. 11, feux 98.

Ormoy-en-Brie, à près de quatre lieues à l'E. de Paris, & six lieues & demie au S., sur la route de St.-Port, près celle de Melun, est à un quart de lieue de Lieusaint, à l'E., & à une lieue du village de Saint-Germain, à l'Ou.-S. Au N., & tout auprès d'Ormoy, est la forêt de Senart, de plus de cinq mille arpens, & contenant beaucoup de pierre meulière. Diocèse & élection de Paris, ressort du Châtelet. Naiss. 0, mar. 0, mor. 1, feux 1.

Orsay, à deux lieues trois quarts à l'Ou. de Paris, & quatre lieues au S., est sur la rivière d'Yvette, à la jonction de deux routes, dont l'une vient de Versailles, & l'autre de la route d'Orléans. Il a Bures à son Ou., & un bois de trois cens arpens est à son M. On y trouve de la pierre meulière. Il est du diocèse & de l'élect. de Paris. Naiss. 32, mar. 7, mor. 40, feux 89.

Ozouer-la-Ferrière, à six lieues & un quart à l'E. de Paris & deux lieues au S., sur la route de Champigny à Tournam, est environné au S., à l'E. & au N., des bois d'Armainvilliers. Ce bois contient au moins sept mille quatre cens arpens. C'est un pays à sable. Diocèse & élection de Paris, ressort du Châtelet. Naiss. 28, mar. 5, mor. 29, f. 91.

Ozouer-le-Vougis, à huit grandes lieues à l'E. de Paris, & cinq lieues au S. Il est au N., & près de la rivière d'Yeres, & au M. de Courquetaine, à trois quarts de lieue. Il est dans la plaine, & à un quart de lieue au N. de la route de Provins. Dans le Gatinois, diocèse de Sens, généralité de Paris, élect. de Melun. Naiss. 26, mar. 6, mor. 23, feux 115.

P.

Palaiseau, à trois lieues & demie au S. de Paris, & près de 2 lieues à l'Ou., se trouve sur la route de Dourdan : ayant Champlan au S.-E., à demi-lieue, & Massy au N.-E., à une lieue ; la rivière d'Yvette coule au M., à trois cens toiſes de là. Palaiſeau étoit autrefois un bourg érigé en marquiſat. C'eſt un canton à pierre meuliere, grés & ſable. Diocéſe & élection de Paris, reſſort du Châtelet. Naiſſ. 55, mar. 13, mor. 52, ſ. 310.

Panchard, à neuf lieues trois quarts à l'E. de Paris, & quatre bonnes lieues au N. Il eſt dans la plaine, ayant à l'Ou. une monticule ou tertre ; au S.-Ou., Neuf-Moutiers, & au M. le Martray. Il eſt dans la Brie, dio-céſe de Meaux, généralité de Paris, élection de Meaux. Naiſſ. 12, mar. 2, mor. 10, feux 56.

Parey, à trois lieues au S. de Paris, eſt à cinq cents toiſes de la route de Fontainebleau; il a Rungis au N., à demi-lieue, & Juviſy à une lieue au M. : Viſſous à l'Ou. à une demi-lieue, & Mérongis à une lieue au S.-Ou. Parey eſt en plaine. Diocéſe & élection de Paris. Naiſſ. 2, mar. 1, mor. 2, feux 10.

PARIS, Ville capitale du royaume de France, trop connue & trop immenſe dans tous les rapports ſous leſ-quels on peut la conſidérer, pour que nous en parlions ici : ce ſeroit vouloir affoiblir l'idée que l'Europe entiere s'en eſt formée. Nous dirons ſeulement, par relation à notre objet, que c'eſt de l'Obſervatoire royal, lieu où ſe croiſent la méridienne & la perpendiculaire, que nous partons dans cette feuille pour l'eſtimation des diſtances des objets qui y ſont renfermés.

Paſſy, à une lieue à l'Ou. de Paris, & à une demi-lieue au N., eſt ſitué ſur une hauteur d'où l'on découvre au M. tout le baſſin de la Seine & les environs. Il eſt orné de pluſieurs jolies maiſons & de jardins ſur le penchant de la côte. Sa proximité de Paris y attire un grand nom-bre de Bourgeois. L'air y eſt vif & pur. Ses eaux miné-rales en ſont eſtimées. Outre la paroiſſe que deſſervent es Barnabites, il y a un monaſtere de Minimes appellé les Bons-Hommes. On y trouve de la pierre coquilliere & du ſable. Diocéſe & élection de Paris, reſſ. du Châtelet. Naiſſ. 57, mar. 17, mor. 51, feux 222.

Pantin, à une lieue & demie à l'E. de Paris, & autant au N., ſe trouve ſur la route de Meaux, à une lieue & demie de Bondy à l'E., à une petite lieue de la Villette à l'Ou., route de Senlis, & à une demi-lieue de Romain-ville au M. Il eſt en plaine. Diocéſe & élection de Paris, reſſort du Châtelet. Naiſſ. 45 , mar. 13 , mor. 44 , ſ. 141.

Pequeuſe, à cinq lieues & demie à l'Ou. de Paris , & autant au S. Ce village eſt en plaine , à demi-lieue de Limours : la chauſſée qui mene à Dourdan paſſe entre ces deux endroits. A l'E. de Pequeuſe eſt un beau bois , où l'on rencontre de la pierre meuliere. A ſon M. , à une bonne lieue , on trouve Bonnelles. Diocèſe & élect. de Paris. Naiſſ. 6 , mar. 2 , mor. 7 , feux 30.

Pequeux, à près de dix lieues à l'E. de Paris , & cinq lieues au S. ; village dans la plaine , ſur le bord d'un petit ruiſſeau , & à un quart de lieue au N. de la route de Provins , ayant Beauvoir au N. , à demi-lieue , & l'Etang à l'Ou. ; à égale diſtance. Il eſt dans la Brie , diocèſe de Meaux , génér. de Paris , élection de Roſoy. Naiſſ. 6 , mar. 1 , mor. 4 , feux 18.

Perigny, à quatre lieues à l'E. de Paris , & autant au S. , eſt ſur la côte & près de la riviere d'Yeres. Varennes eſt à ſon M. , à une bonne demi-lieue : Mandres au N. , à quatre cents toiſes ; Bouſſy à l'Ou. , auſſi à demi-lieue. Ce pays donne de la pierre meuliere & coquilliere. Diocèſe & élection de Paris. Naiſſ. 16 , mar. 1 , mor. 7 , feux 35.

Plaiſir, à ſept lieues & un quart à l'Ou. de Paris , & demi-lieue au S. , eſt ſur un ruiſſeau qui a ſa ſource à demi-lieue au M. Ce village voit paſſer à ſon N. la route de Dreux ; eſt à trois quarts de lieue de les Clayes , à l'E. , & une lieue de Neauphle , à l'Ou. Au M. eſt le bois de Sainte-Apolline. Il eſt dans la Beauce , diocèſe de Char-tres , gén. de Paris , élect. de Montfort. Naiſſ. 48 , mar 9 , mor. 56 , feux 152.

Pierrefittes ; à près de quatre lieues vers le N. de Paris , ſe trouve ſur la route de Paris à Beaumont ou à Chan-tilly ; eſt au N.-Ou. de Stains , & au M. de Montmagny : un petit bois eſt à l'Ou. , & toute la partie de l'E. pré-ſente nombre de belles avenues plantées d'arbres. Dioc. & élect. de Paris , reſſ. du Châtelet en partie. Naiſſ. 25 , mar. 7 , mor. 29 , feux 132.

Pierrelaïe , à trois lieues & demie à l'Ou. de Paris , & cinq fortes lieues au N. , preſque ſur la route de Pontoiſe , & dans un fond , eſt auprès du bois de la garenne de Beſſancourt , à l'E. & au N. Il a à l'Ou. la ſource d'un petit ruiſſeau qui ſe jette dans l'Oiſe. Il y a du grès coquillier & du poudingue. Pierrelaie eſt du dioçèſe & de l'élect. de Paris. Naiſſ. 21, mar. 6, mor. 30, ſ. 142.

Piſcop, à cinq lieues au N., & preſque ſous le méridien, eſt à l'Ou. & auprès de la route de Beaumont. Il touche au bord E. de la forêt de Montmorency, & eſt au M. de Daumont & d'Ezanville, à égale diſtance de l'un & de l'autre. Dioc. & élect. de Paris. Naiſſ. 9, mar. 1, mor. 7, feux, 34.

Piſe, fontaine auprès de Chanteloup-Triel, feux 94.

Pleſſis-Piquet, à une lieue & demie à l'Ou. de Paris, & autant au S., eſt un village à l'Ou. de Sceaux-Penthievre, ſur une route qui communique avec celle de Châtillon à Bievres. Deux petits bois l'environnent. Il a à ſon E. deux jolis étangs qui fourniſſent un ruiſſeau voiſin. On y trouve de la pierre meuliere. Dioc. & élect. de Paris. Naiſſ. 5, mar. 1, mor. 5, feux 23.

POISSY, Ville à cinq lieues & demie à l'Ou. de Paris, & à plus de deux lieues & demie au N., eſt fameuſe par la naiſſance qu'y a reçue Saint-Louis, & par le ſéjour qu'y ont fait autrefois nos Rois. L'égliſe, ſous l'invocation de Saint-Louis, eſt un prieuré de l'ordre de St.-Dominique. Il y a encore dans Poiſſy une égliſe collégiale & paroiſſiale, un couvent d'Urſulines, & un de Capucins, avec un hôpital. Poiſſy, ſituée ſur la Seine, à une lieue de Saint-Germain, & deux lieues de Meulan, eſt le lieu du marché des gros beſtiaux. C'eſt un canton à pierre coquilliere. Dioçèſe de Chartres, génér. & élect. de Paris, reſſ. du Châtelet. Naiſſ. 88, mar. 19, mor. 95, feux 480.

Pomponne, dioçèſe & élection de Paris, reſſort du Châtelet, eſt à ſix lieues & demie à l'E. de Paris, & une grande lieue au N., près de la Marne & ſur la chauſſée de Lagny. Il voit Torigny à l'E., ainſi que Lagny même; Vaires à l'Ou.-S., & au N. il a des bois agréablement percés. La cure eſt un prieuré. On y trouve de la pierre à fuſil roulée. Naiſſ. 13; mar. 5, mor. 14, feux 67.

Pontault, à cinq lieues à l'E. de Paris, & une lieue & demie au S., eſt ſur le ruiſſeau de Morbra, à l'E. de la Queue, & à une lieue de Roiſſy, où ce ruiſſeau prend sa source. Pontault a au M. le bois Notre-Dame ; abondant en grès & en sable, & la route de Tournam Diocèse & élection de Paris. Naiss. 11, mar. 2, mor. 5, feux 44.

Pont-aux-Dames, Abbaye de filles, ordre de Cîteaux, située dans la Brie, diocèse de Meaux, est à neuf lieues & demie à l'E. de Paris, & une grande lieue au N., se trouve sur la route de Cressy, ayant Couilly au N., à un quart de lieue, & Montry au N.-Ou., à une demi-lieue. Dioc. de Meaux, génér. de Paris, élect. de Meaux, ress. du Châtelet. Elle dépend du village de Couilly.

Pontcarré, à sept lieues à l'E. de Paris, & une lieue au S., se trouve entouré à l'E. & à l'Ou., ainsi qu'au M., du bois d'Armainvilliers. Il a Ferriere à son N., à une demi-lieue ; & plus à l'E., à une lieue, est Croissy, d'où part une route qui mene à Pontcarré. Diocèse & élection de Paris, ressort du Châtelet. Naiss. 13, mar. 5, mor. 15, feux 69.

PONTOISE, Ville capitale du Vexin-François. Diocèse de Rouen, chef-lieu d'une élection, siege d'une vicomté, d'une prévôté, d'une lieutenance royale, d'un grenier-à-sel & d'une maréchaussée. Elle est à six lieues & demie à l'Ou. de Paris, & quatre lieues & demie au N. Elle a un pont sur l'Oise, d'où son nom s'est formé. La hauteur où elle est bâtie est escarpée du côté de Paris. Outre quatre paroisses, elle a une collégiale, un couvent de Capucins, un de Bénédictins, & un hôtel-Dieu. Elle n'a guere de commerce que celui de farine. On y trouve de la pierre de taille, du grès & des corps fossiles Naiss. 157, mar. 30, mor. 168, feux 655.

Port-Royal-des-Champs, Abbaye à six lieues à l'Ou. de Paris, & deux lieues & demie au S., étoit de l'ordre & une des filles de Cîteaux. Elle est sur un des bras de l'Yvette, au N. de Saint-Lambert, & au M. de Voisins, à l'E-N. Un grand bois bien percé l'entoure dans toute la partie occidentale & méridionale. Diocèse & élection de Paris, ressort du Châtelet. Canton à pierre meuliere & à grès.

Pré Saint-Gervais, 65 feux.

Precy, à huit lieues un quart à l'E. de Paris, & deux lieues & demie au N., est sur le bord de la Marne, & y a un bac. Ce village a Charmentré au N., à demi-lieue ;

Fresne à l'Ou., à même distance ; Lesches au M., de l'autre côté de la rivière, & à une lieue. Precy est au bas d'une côte. On y trouve de la pierre coquilliere & du silex roulé. Il est dans la Brie, diocèse de Meaux, généralité de Paris, & élection de Meaux, Naiss. 11, mar. 3, mor. 10, feux 46.

Presles, à sept lieues & demie à l'E. de Paris, & trois & demie au S., est dans la plaine, au haut d'un côteau, à un quart de lieue du bois d'Armainvilliers à l'Ou. ; ayant Tournam au N., à une lieue ; Châtre à l'E., à une lieue & demie, & Liverdis à une lieue au S.-E. La pierre coquilliere y abonde. Dans la Brie, dioc. de Meaux, génér. de Paris, élect. de Rosoy. Feux 85.

Puteaux, à près de deux lieues à l'Ou. de Paris, & une grande lieue au N., est situé sur le bord Ou. de la Seine, au bas d'une longue côte qui domine tout ce canton, & à un quart de lieue de la route de Ruel. Il y a de jolies maisons de plaisance aux environs, & sa proximité de la riviere, ainsi que de la chaussée qui est au N. du Mont-Valérien, à l'Ou., & du bois de Boulogne, en fait un charmant endroit. Diocèse & élection de Paris, ressort du Châtelet pour les cas présidiaux. Naiss. 51, mar. 14, mor. 52, feux 241.

Q.

Quincy, à près de quatre lieues à l'E. de Paris, & quatre lieues & demie au S., se découvre sur la côte qui borde la riviere d'Yeres, & est auprès de la forêt de Senart à l'Ou. Combs est à son S.-E., Varennes à son E.-N., & Boussy à son N. même, de l'autre côté de la rivière. Il y a un parc & un château. Quincy est dans la Brie, diocèse & élect. de Paris, ress. du Châtelet. Naiss. 2, mar. 1, mor. 5, feux 18.

R.

RAMBOUILLET, Bourg, duché-pairie dans la Beauce, diocèse de Chartres ; parlement de Paris*, généralité d'Orléans, élection de Chartres, à 855 habitans. Il est à près de dix lieues à l'Ou. de Paris, & cinq bonnes lieues au S. ; dans un fond, au milieu des eaux &

* Hors de la Généralité de Paris.

des bois. La partie de la forêt qui est sur cette feuille, est de plus de deux mille arpens. C'est un des beaux pays de chasse. Rambouillet a long-tems appartenu à la Maison de Toulouse. Louis XVI l'a acheté récemment de Monseigneur le Duc de Penthievre. Naiss. 92, mar. 23, mor. 125, f. 189.

Rennemoulin, à cinq lieues & demie à l'Ou. de Paris, est au bas de la côte, sur le bord d'un ruisseau. Il a au N. Noisy, & la chaussée de Roquencourt à demi-lieue; Villepreux à l'Ou., dans un même éloignement. Au S.-E. se trouve la faisanderie de Versailles. Dioc. & élect. de Paris. Naiss. 2, mar. 1, mor. 3, feux 21.

Ris, à une lieue & un quart à l'E. de Paris, & cinq au S., est sur la route de Paris à Fontainebleau, ayant Grigny à l'Ou., à un quart de lieue, Petit-Bourg à trois quarts de lieue, & Orangis au M. Tout ce canton est embelli par des maisons & des jardins particuliers, des chemins de communication, & le voisinage de la Seine. Diocèse & élection de Paris. Naiss. 17, mar. 4, mor. 16, feux 77.

Roissy, à cinq lieues trois quarts à l'E. de Paris, & une grande lieue au S., se voit presqu'à la source du ruisseau de Morbra; la grande forêt d'Armainvilliers l'entoure à l'E. & au N., à un quart de lieue: Bercheres est à l'Ou.: au M. est une partie de la forêt qui communique presque par-là avec le bois de Notre-Dame. Roissy est dans la Brie, dioc. & élect. de Paris, ress. du Châtelet. Feux 76.

Roissy, à cinq lieues au N. de Paris, & à une grande lieue à l'E. de Gonesse, se remarque sur la route de Soissons, ayant Vauderlan à demi-lieue à l'Ou., & le Tremblay à une lieue E.-S. Ce village est en plaine, & est orné de plusieurs belles avenues qui conduisent aux endroits voisins. Cette cure est prieuré. Diocèse & élection de Paris, ressort du Châtelet pour les cas présidiaux. C'est un pays à froment: on y trouve de la pierre de taille. Feux 194.

Romainville, à une lieue trois quarts à l'E. de Paris, & une lieue un tiers au N., est sur le terrein le plus élevé de tout ce canton à l'Or. de Paris. Il a Noisy-le-Sec à l'E.-N., & Pantin au N.-Ou., dans la plaine basse. Romainville a un petit château, un parc & d'agréables promenades. On y trouve du grès coquillier. Diocèse & élect. de Paris, reſſ. du Châtelet. Naiſſ. 36, mar. 7, mor. 31, feux 144.

Roſny, à trois lieues à l'E. de Paris, & une lieue au N., ſe trouve ſur la route particuliere de Montreuil à Villemomble : il eſt entre deux côteaux, & a au M. la fameuſe thuilerie de Montreau. Le petit bois de Neuilly eſt à ſon S.-E., & à ſon E. plein eſt ſur une hauteur le château d'Avron. Diocèſe & élect. de Paris, reſſort du Châtelet. Naiſſ. 21, mar. 6, mor. 21, feux 129.

Roquencourt, à quatre fortes lieues à l'Ou. de Paris ; ſur l'avenue de Verſailles à Saint-Germain ; là commence la route qui conduit à Maulle. Roquencourt a un joli bois à l'Ou., d'environ cent quatre-vingt arpens ; a le Chenay au M., Beauregard-Château à l'E., avec le bois des Hubiès. Le parc de Verſailles eſt au M., à une lieue. Diocèſe & élect. de Paris. Naiſſ. 13, mar. 1, mor. 13, feux 52.

Ruel, à près de trois lieues à l'Ou. de Paris, & une lieue N., ſe voit près de la route de Neuilly à Louvecienne. Il eſt comme tout ce canton, dans la vaſte plaine que domine le Mont-Valérien. Il y a un château, de belles eaux, & d'agréables maiſons particulieres. Nanterre eſt à ſon N., Croiſſy-ſur-Seine à l'Ou., & le Mont-Valérien à l'E., tous trois à demi-lieue de Ruel. C'étoit la maiſon de Plaiſance du Cardinal de Richelieu. Diocèſe & élection de Paris, reſſort du Châtelet pour les cas préſidiaux. Naiſſ. 111, mar. 23, mor. 110, feux 546.

Rungis, à deux lieues & demie au S., ſe découvre à l'Ou. & auprés de la route de Fontainebleau ; a au N. celle qui communique cette route avec celle d'Orléans ; eſt à 3 quarts de lieue de Freſne, au N.-Ou., & à autant de Viſſous au S. Il a Parey à ſon M. La plaine l'environne de tout côté. Il y a une fontaine pétrifiante. Diocèſe & élect. de Paris, reſſ. du Châtelet. Naiſſ. 5, mar. 1, mor. 5, feux 31.

S.

Saclé, à trois lieues à l'Ou. de Paris, & autant au S.; se remarque dans la plaine, au M. d'un grand étang, ayant Villiers à l'Ou., & Vauxhallan à l'E., tous deux à trois quarts de lieue. Tout auprès de Saclé, à l'Ou., est la jonction de deux routes, dont l'une va à Orsay, & l'autre à Gif. On y trouve de la Marne & de la pierre meulière. Diocèse & élect. de Paris. Naiss. 14, mar. 4, mor. 17, feux 70.

Sagy, à sept lieues à l'Ou. de Paris, & six lieues au N., paroît sur le bord d'un ruisseau qui se perd dans la Seine à Meulan: Gondecourt est à son M., & Courdimanche à l'E.-S. Il y a dans ses environs assez de côteaux entremêlés de plaines. Ce village est dans le Vexin, diocèse de Rouen, généralité de Paris, élection de Pontoise. Naiss. 16, mar. 4, mor. 14, feux 122.

Saint-Antoine, attenant le parc de Versailles, a une demi-lieue au M. de Chenay, & trois quarts de lieue de Roquencourt. Il se trouve dans l'éloignement de quatre lieues à l'Ou. de Paris, & une petite lieue au S., & sur la route de Roquencourt à Versailles. Diocèse & élection de Paris. (Sans autres renseignemens).

Saint-Aubin, à neuf lieues à l'Ou. de Paris, & près d'une lieue au S., se montre sur la route de Dreux, & près d'un petit ruisseau, dans un pays plat; ayant à l'E. le parc de Jouarre, au M. Mareil, & au N., Neauphle. Dans la Beauce, diocèse de Chartres, génér. de Paris, élection de Montfort. Naiss. 5, mar. 1, mor. 4, f. 21.

Saint-Aubin, à trois lieues & demie à l'Ou. de Paris, autant au S., est sur la route de Jouy à Gif, qu'il a au M., à un quart de lieue. Il voit Villiers au N., & Saclé au N.-E., à une lieue. Ce village est en plaine. Diocèse & élection de Paris. Feux 14.

Saint-Brice, à quatre lieues trois quarts au N. de Paris, s'offre sur la route de Paris à Beaumont. Il a Piscop au N., & Groslay au M.; Sarcelles à l'E., à demi-lieue, & Andilly à une lieue à l'Ou. C'étoit autrefois un Bourg. On y trouve de la glaise & de la pierre à plâtre

Diocèse & élect. de Paris. Naiss. 29, mar. 4, mor. 32, feux 155.

Saint-Cyr, Abbaye à cinq lieues à l'Ou. de Paris, & deux lieues au S. Cette Abbaye est de filles, religieuses de l'ordre de Saint-Augustin. C'est Louis XIV qui l'a fondée. Il y faut faire preuves de noblesse. L'Abbaye, ainsi que la paroisse, n'est pas loin du parc de Versailles. Elle a au N.-Ou. Fontenay-le-Fleury, & au M. de magnifiques pieces d'eau. On y voit de la pierre meuliere. Elle est dans la Beauce, diocèse de Chartres, génér. de Paris, élection de Montfort, ressort du Châtelet pour les cas présidiaux. Naiss. 33, mar. 11, mor. 45, feux 132.

Saint-Cloud, à deux bonnes lieues à l'Ou. de Paris, est sur le bord de la Seine qu'il domine par son agréable situation. Ce superbe lieu, avec titre de duché-pairie, appartenoit depuis long-tems à la Maison d'Orléans, de laquelle Louis XVI vient de l'acheter. Son parc est de près de cinq cents arpens. Il y a de la pierre meuliere & de la pierre de taille. Diocèse & élection de Paris, ress. du Châtelet pour les cas présidiaux. Naiss. 86, mar. 22, mor. 75, feux 349.

SAINT-DENIS *en France*, Ville, châtellenie, dans l'Isle de France, diocèse & élection de Paris, ressort du Châtelet pour les cas présidiaux, est à deux lieues trois quarts au N. de Paris. Indépendamment de la célebre abbaye qui a donné son nom à ce lieu, il y a dix églises-cures, & cinq couvens, tant d'hommes que de femmes, avec un hôtel-Dieu. La collégiale de Saint-Paul y est de fondation royale. On y trouve du grès, du sable & de la pierre coquilliere. Naiss. 181, mar. 30, mor. 155, feux 1518.

Saint-Denis-du-Port, attenant à l'E. la ville de Lagny-sur-Marne, & sur la route de Crecy, est à sept lieues à l'E. de Paris, & une bonne lieue au N. Il y a de la pierre meuliere. Diocèse & élection de Paris. Naiss. 5, mar. 1, mor. 3, feux 29.

Saint-Forget, à six lieues à l'Ou. de Paris, & trois lieues trois quarts au S., se trouve situé sur l'Yvette, à demi-lieue Ou. de Chevreuse : il a au M. le grand parc, entre Dampierre & Choisel. C'est un canton à grès. Ce village est dans l'Isle de France, diocèse & élection de Paris. Naiss. 11, mar. 3, mor. 15, feux 56.

Saint-Germain-lès-Corbeil, à six lieues au S. de Paris, situé à l'E. de la Seine, est à une demi-lieue au M. d'Etiolles, demi-lieue de la Grange-Foulons à l'Ou., & une lieue d'Ormoy au N.-E., sur la route de Saint-Port. Pays à sable & à pierre meulière. Diocèse & élection de Paris, Naiss. 5, mar. 2, mor. 3, feux 64.

SAINT-GERMAIN-EN-LAYE, Ville, est à quatre lieues & demie à l'Ou. de Paris, & près de deux lieues au N. Elle est à l'E., auprès de la Seine. Elle a été long-tems la demeure de nos Rois. Elle est dans l'Isle de France, diocèse & élection de Paris. Elle est le siege d'une prévôté royale, châtellenie, capitainerie des chasses, & d'une maîtrise des eaux & forêts. Il n'y a qu'une paroisse avec un hôpital, & trois couvens; savoir, les Récolets, les Ursulines & les Augustins déchaussés. Sa forêt contient huit mille quatre cents arpens. Ce canton offre de la glaise, du plâtre & de la pierre coquilliere. Naiss. 410, mar. 117, mor. 463, feux 4500.

Saint-Germain-des-Noyers, à six lieues à l'E. de Paris, paroît sur la grande route de Brie à Champs & à Conches, auprès & au M. de Torcy; à demi-lieue de Bussy-Saint-Martin, & autant de Collégien au M. Diocèse & élection de Paris. Naiss. 1, mar. 1, mor. 1, feux 3.

Saint-Germain-de-la-Grange, à huit bonnes lieues à l'Ou. de Paris, est sur la côte qui borde un des bras de la Maudre; ayant Tiverval au N.-E., à demi-lieue; Beine au N., à une lieue, & Neauphle-le-Château à trois quarts de lieue au M. Ce pays est de plaines. Diocèse de Chartres, génér. de Paris, élect. de Montfort. Naiss. 8, mar. 2, mor. 8, f. 34.

Saint-Germain-lès-Couilly, à neuf lieues & demie à l'E. de Paris, & une forte lieue au N., à l'endroit où se joignent les routes qui vont de là à Meaux & à Crecy. Il a Montry à l'Ou., Coutevron au M., & Couilly tout auprès, à l'E. Ce village situé sur le grand Morin, est dans la Brie, diocèse de Meaux, génér. de Paris, élect. de Meaux. Naiss. 16, mar. 3, mor. 15, feux 84.

Saint-Gratien, à près de quatre lieues au N. de Paris,

& une liéue à l'Ou., entre Sannois à l'Ou., à demi-
lieue, & Deuil à trois quarts de lieue à l'E., est séparé
de ce dernier endroit par un grand étang. Il a Eau-Bonne
à une lieue au N.; est dans un bon pays & en belle
situation. Diocèse & élection de Paris. Naiss. 12, mar. 3,
mor. 9, feux 73.

Saint-Hilaire, à 3 fortes li. à l'E. de Paris, & une grande
lieue au S. Il est dans l'espece de demi-lune que forme
dans ce canton le contour de la Marne qui passe au M.,
à quatre cents toises. Le bois de Saint-Maur est dans le
voisinage, au Nord. Chenevieres est à l'E. de Saint-
Hilaire, qui a à égale distance, vers le M., Noiseau,
Sucy & Bonneuil. On trouve dans ses environs de la
pierre coquilliere & du silex. Diocèse, élection de Paris.
Naiss. 1, mar. 1, mor. 1, feux 17.

Saint-James, au N. de Lanluet, 75 feux.

Saint-Jean-de-Beauregard, à trois lieues à l'Ou. de Paris,
& près de quatre au S., se découvre dans la plaine, près
de la côte boisée qui va de Gomets-la-ville à Montlhéry.
Il a Janvrys au M., Gomets à l'Ou.-N. Le ruisseau qui
coule au bas de la côte va se rendre dans l'Orge, à Montlhéry. C'est un terrein à pierre meuliere Diocèse & élect.
de Paris. Naiss. 7, mar. 3, mor. 3, feux 34.

Saint-Lambert, à six lieues à l'Ou. de Paris, & trois
lieues au S., se distingue sur un des bras de l'Yvette, &
près de la route de Versailles à Chevreuse. Il a Port-
Royal au N., Milon à l'E., & au M. ainsi qu'à l'Ou., un
très-grand bois. Pays à grès & à pierre meuliere Diocèse
& élection de Paris. Naiss. 9, mar. 2, mor. 9, feux 48.

Saint-Léger-en-Laye, à près de cinq lieues à l'Ou. de
Paris, & presque trois lieues au N., entre Saint-Germain-
en-Laye & l'Abbaye d'Hennemont qu'il a à l'Ou. à un
quart de lieue; un petit ruisseau coule à son M. Il est
sur la route de Fourqueux à Mantes. Son voisinage a de
la glaise. Diocèse de Chartres, Généralité de Paris,
élect. de Montfort, ressort du Châtelet. Naiss. 6, mar. 3,
mor. 6, feux 30.

Saint-Leu, à cinq lieues au N. de Paris, & une lieue
& demie à l'Ou., est au bas de la côte de Montmorency.
Taverni qui est à demi-lieue au N., en fait partie. Il y a
une prévôté. On y trouve de la pierre de taille & de la

pierre meuliere. Diocéſe & élection de Paris. Naiſ. 37,
mar. 7, mor. 39, feux 253.

Saint-Mandé, à une lieue & demie à l'E. de Paris, eſt
à la porte du bois de Vincennes; voit Conflans-l'Arche-
vêque au M., à une bonne demi-lieue, & la Piſſote au
N., à égale diſtance. Le bois de Vincennes eſt d'enviton
treize cents arpens. Un couvent d'Hoſpitalieres eſt auprès.
Diocéſe & élect. de Paris, reſſ. du Châtelet. St. Mandé
n'eſt qu'un annexe.

Saint-Marcel-Vilvaudé, à ſix lieues à l'E de Paris, &
deux lieues au N., ſe trouve au bas d'une côte qui contourne tout ce canton. Diverſes parties de bois ſont au
N. : le Pin, paroiſſe, eſt à l'Ou., à un quart de lieue,
& au M. ſont les charmans bois de Pomponne, de près
de huit cents arpens. Canton à pierre meuliere & coquilliere. Diocéſe & élection de Paris. 145 feux avec
Montjay.

Saint-Mard, à ſix lieues à l'E. de Paris, & cinq lieues
& demie au N., village dans la plaine, au M. de Dammartin, & à une lieue à l'E. de Villeneuve. Il a Thieux
& Suilly au M., à une lieue de diſtance. A l'E. ſont de
grands bois juſqu'à Dammartin. Diocéſe de Meaux, généralité de Paris, élection de Meaux, Naiſſ. 17, mar. 5,
mor. 15, feux 94.

Saint-Maur-les-Foſſés, à deux lieues & demie à l'E.
de Paris, & une bonne demi-lieue au S., eſt près du
bois de Vincennes & ſur le bord de la Marne : il a Creteil au M., & Champigny à l'E. Saint-Maur eſt fameux
par ſon parc & ſon château : le bois eſt de plus de trois
cents arpens. Ce lieu appartient à la Maiſon de Condé.
On y trouve de la pierre de taille & des coquilles foſſiles
foulées. Diocéſe & élection de Paris, reſſ. du Châtelet.
Naiſſ. 41, mar. 11, mor. 38, f. 118 ; 20 pour la Varenne
& 50 pour le Pont.

Saint-Maurice-de-Charenton, à près de deux lieues à
l'E. de Paris, ſe trouve ſous le bois de Vincennes &
ſur la Marne. Charenton eſt auprès, à l'Ou., & Saint-
Maur à une demi-lieue à l'E. C'eſt un canton à pierre de
taille & à pierre coquilliere. Diocéſe & élect. de Paris.
Saint-Maurice eſt compris dans Conflans pour le calcul
des naiſſ., des mar., des mor., feux 109.

Saint-Mefme, à fix lieues & demie à l'E. de Paris, & quatre lieues au N., eft fur une route particuliere qui part de celle de Senlis pour gagner celle de Meaux. St.-Mefme eft au M. de Nantouillet, & au N. de Greffy. Ce village eft en plaine. Dans la Brie, diocéfe de Meaux, généralité de Paris, élection de Meaux, reff. du Châtelet. Naiff. 14, mar. 3, mor. 13, feux 69.

Saint-Michel-fur-Orge, à cinq lieues trois quarts au S. de Paris, eft à l'E. de Montlhery, & fur la hauteur de la côte qui borde l'Orge, riviere. Sainte - Genevieve eft à l'E., au bord de la forêt d'Eftigny, laquelle a environ cinq cents arpens. Diocéfe & élection de Paris, reffort du Châtelet. Naiff. 18, mar. 7, mor. 13, feux 113.

Saint-Nom, ou *Levis*, à fix lieues à l'Ou. de Paris, eft fur la route de Roquencourt à Mareil & Maulle, à demi-lieue au M. de la forêt de Marly, ayant Chavenay à l'Ou., à trois quarts de lieue, & Noify à une lieue à l'E. fur cette route. Ce village eft en plaine. Diocéfe & élect. de Paris, reff. du Châtelet. Naiff. 34, mar. 7, mor. 21, feux 186.

Saint-Ouen, à deux fortes lieues au N. de Paris, eft fur le bord de la Seine & vis-à-vis d'une ifle qui s'y trouve. Il eft près de la route qui va du bois de Boulogne à Saint-Denis. Ce lieu étoit autrefois frequenté par le peuple, à caufe des jolies promenades qui y font. C'eft un pays à fable, à glaife, à pierre meuliere & coquilliere. Dioc. & élect. de Paris. Naiff. 25, mar. 4, mor. 19, feux 131.

Saint-Ouen-l'Aumône, à quatre bonnes lieues à l'Ou. de Paris, & près de fix au N. Il eft entre l'Oife, à l'Ou., & la route de Paris à Pontoife, à l'E. : le fauxbourg de l'Aumône de Pontoife en dépend. Eragny eft à fon M., les Capucins au N., & tout auprès. On y trouve au M. de la pierre coquilliere. Diocéfe & généralité de Paris, élection de Pontoife. Naiff. 50, mar. 6, mor. 46, feux 237.

Saint-Prix, à cinq lieues au N. de Paris, & une grande lieue à l'Ou., eft fur le penchant méridional de la côte de la forêt de Montmorency, entre Moulignon à l'E., & Saint-Leu à l'Ou. : beaucoup de jolies habitations ornent cet endroit, & tout le voifinage en eft fort riant

Il y a deux prieurés. Saint-Prix est du dioc. & de l'élect. de Paris. Naiss. 14, mar. 5, mor. 14, feux 136.

Saint-Remy, à cinq lieues à l'Ou. de Paris, & à près de quatre lieues au S., est sur l'Yvette, à demi-lieue de Chevreufe à l'Ou., & où deux ruisseaux viennent se jetter dans cette riviere. Un château est à son M., & une petite chapelle à l'E. On y trouve du grès. Diocèse & élection de Paris. Naiss. 19, mar. 5, mor. 19, feux 85.

Saint-Remy, à huit lieues & demie à l'Ou. de Paris, & deux fortes lieues au S., est dans la plaine que forment plusieurs côteaux. Le village les-Menuls est à son Ou., à une lieue, & Coigneres à autant de distance à l'E. Au M. est la Haute-Bruyere, abbaye. Saint-Remy est dans la Beauce, diocèse de Chartres, généralité de Paris, élection de Montfort. Naiss. 17, mar. 5, mor. 28, feux 83.

Saint - Remy, Paroisse à une lieue à l'E., & deux lieues trois quarts au N., attenant Saint-Denis en France, est sur le ruisseau de la Crou, à une demi-lieue de la Courneuve, & une petite lieue de Stains. Diocèse & élection de Paris. On y trouve du granit roulé. Cette Paroisse dépend de Saint-Denis.

Saint-Remy-des-Landes, Abbaye. Elle est à huit lieues & demie à l'Ou. de Paris, & six lieues au S. Cette Abbaye de filles est de l'ordre de Saint-Benoît, & croit avoir été fondée par Robert, Evêque de Chartres. Elle est dans la Beauce, au milieu de la forêt des Yvelines, de près de six mille arpens : au dioc. de Chartres, génér. de Paris, élect. de Montfort.

Saint-Souplets, à huit lieues & demie à l'E. de Paris, & cinq lieues au N., sur le haut d'une côte, entre Marchemorel au N.-O., à trois quarts de lieue, & Gesvres à une lieue à l'E. Il a Cuify au S.-Ou., à une lieue, & Monthion à une lieue & demie au M. Entre Souplets & Cuify il y a une hauteur parsemée de petits bois. Souplets a un château. Il est dans la Brie, diocèse de Meaux, généralité de Paris, élect. de Meaux, ress. du Châtelet. Naiss. 25, mar. 5, mor. 34, feux 161.

Saint-Thibault-des-Vignes, à six lieues & demie à l'E. de Paris, & une lieue au N., est sur le plateau de la côte qui borde la Marne, au M.-Ou. de Lagny, à dix
quart

quart de lieue ; il est au N. de Gouverne, à même distance, & à une lieue de Chanteloup au S.-E., sur la
même côte. Diocèse & élection de Paris. Naiss. 5, mar. 1,
mor. 6, feux 57.

Sainte-Genevieve-des-Bois, à cinq lieues & demie au
S. de Paris, & ayant la forêt de Sestigny de six cents
arpens qu'elle touche au N. ; Saint-Michel a S.-Ou., à
trois quarts de lieue, & Fleury-Mérongis au S.-E., à
même distance. C'est un pays à grès & à sable. Diocèse
& élection de Paris, ressort du Châtelet. Naiss. 12, mar. 6,
mor. 11, feux 22.

Sannois, à près de quatre lieues au N. de Paris, &
une lieue & demie à l'Ou., se découvre sur la route de
Paris à Pontoise, entre Epinay-sur-Seine, à une grande
lieue à l'E., & Franconville à l'Ou., à une demi-
lieue. Sannois a à l'Ou. une éminence considérable, sur
laquelle des moulins placés sont vus du Mont-Valérien
à trois lieues au M. de là. On y trouve de la pierre à
plâtre, du sable & des cailloux roulés. Sannois est du
diocèse & de l'élection de Paris. Naiss. 56, mar. 14,
mor. 55, f. 301.

Sarcelles, à quatre lieues & demie au N. de Paris,
& presqu'une lieue à l'E., paroît sur la route de Saint-
Denis à Chantilly, entre Villiers-le-Bel à demi-lieue au
N., & Pierre-Fitte à une lieue au M. A l'Ou. & auprès
de Sarcelles est un petit parc avec château. Un ruisseau
appellé le Rouillon coule auprès, au M. Sarcelles est
un marquisat. C'est un pays de plaines. Diocèse & élect.
de Paris, ressort du Châtelet. Naiss. 52, mar. 12, mor.
73, feux 277.

Sartrouville, à trois lieues à l'Ou. de Paris, & 3 li. au
N., se voit sur la haute plaine de ce canton ; à un quart
de lieue de la Seine à l'Ou., & à une lieue & demie
d'Argenteuil à l'E., ayant Houilles presqu'au M. au bas
de la côte. Diocèse & élection de Paris. Feux 403.

Saulxmarchais, à neuf lieues & demie à l'Ou. de Paris, a Auteuil à l'Ou., le bois de Beine au N., Néauphle
au M., à une lieue, & Marcq au N.-Ou., à même distance. Saulxmarchais est dans la Beauce, diocèse de
Chartres, gén. de Paris, élect. de Montfort. Naiss. 11,
mar. 2, mor. 14, feux 68.

PARIS, N°. I.   G

Savigny, à quatre lieues & demie au S. de Paris, est sur la riviere de l'Orge, au bas de la côte ; ayant Morsan au M., à demi-lieue, Viry à l'E., à même distance, & Epinay-sur-Orge, aussi à même distance. Savigny a un petit château & un enclos considérable. Il est du diocèse & de l'élect. de Paris, ress. du Châtelet. Naiss. 25, mar. 5, mor. 26, feux 205.

Sceaux-Penthievre, à une grande lieue & demie au S. de Paris, dans le voisinage du Bourg-la-Reine ; a Châtenay à son S.-Ou., à demi-lieue. Ce superbe endroit qu'on appelloit Sceaux-du-Maine, est appellé aujourd'hui Sceaux-Penthievre, nom du Prince auquel il appartient. C'est après les maisons royales, le lieu le plus beau des environs de Paris & de Versailles. Son parc a plus de deux cents arpens. Ses environs, au M., offrent du sable. Diocèse & élection de Paris, ressort du Châtelet. Naiss. 53, mar. 13, mor. 54, f. 253.

Saux-lès-Chartreux, à quatre lieues & demie au S. de Paris, & une lieue à l'Ou., sur le haut de la petite côte de la riviere d'Yvette, est entre Lonjumeau, à l'E., & Vilbon à l'Ou., tous deux à demi-lieue. On y trouve du grès. Saux est du Diocèse & élection de Paris, ressort du Châtelet. Naiss. 27, mar. 6, mor. 32, feux 200.

Selle-lès-Bordes, à sept lieues à l'Ou. de Paris, & cinq lieues & demie au S., est situé sur un petit ruisseau qui prend sa source à une lieue de là, vers le N. Selle est tout près de la forêt des Yvelines, du côté de l'E. ; Bullion est à son E.-S., à une lieue de là. Ce lieu est dans l'Isle de France, diocèse & élection de Paris. Feux 142.

Senlisse, à six grandes lieues à l'Ou. de Paris, & quatre lieues au S., près d'un ruisseau qui va se perdre dans l'Yvette au N. de Dampierre. L'abbaye de Vaux-Cernay est à l'Ou., à une petite lieue ; Choisel se trouve à l'E., à trois quarts de lieue ; le charmant bois de Dampierre est à l'E. & auprès. On y trouve du grès & de la pierre meuliere. Diocèse & élection de Paris. Naiss. 18, mar. 4, mor. 20, feux 76.

Senteny, à quatre lieues & demie à l'E. de Paris, & trois fortes lieues au S., se trouve sur le Reveillon, entre Marolles, au N.-Ou., & Servon au S.-E., l'un &

l'autre à demi-lieue. Il part de Senteny un pavé qui va se rendre dans la grande route de Brie-Comte-Robert. Senteny est dans le dioc. & l'élection de Paris. Naiss. 14, mar. 1, mor. 13, feux 68.

Seraincourt, à près de neuf lieues à l'Ou. de Paris, & cinq & demie au N., est sur un ruisseau qui va se jetter dans la Seine, à Meulan, à une lieue & demie de là, au M. Jambville est au N.-Ou. de Seraincourt, & Gaillon au S.-E., à peu-près à demi-lieue l'un & l'autre. Seraincourt est dans le Vexin François, diocése de Rouen, généralité de Paris, élection de Mantes. Naiss. 14, mar. 5, mor. 15, feux 101.

Sergy, Paroisse à cinq lieues à l'Ou. de Paris, & cinq & demie au N., se montre sur le bord de la Seine, au M.-Ou. de Pontoise, éloignée d'une lieue, & de Saint-Ouen-l'Aumône à même distance, lequel est à son E. Dans le Vexin François, diocése de Rouen, généralité de Paris, élect. de Pontoise. Naiss. 30, mar. 8, mor. 34, feux 209.

Serris, à huit lieues à l'E. de Paris, est au milieu de la plaine, entre Bailly, au S.-E., à demi-lieue & Jossigny, à trois quarts de lieue à l'Ou. : Chanteloup est à une lieue à son N.-Ou., & Magny au S.-E., à même distance. Serris, qui est dans la plaine, est du diocése de Meaux, gén. de Paris, élect. de Meaux. Feux 61.

Servon, à quatre lieues & demie à l'E. de Paris, & trois au S., s'apperçoit au haut de la petite côte qui domine le ruisseau le Réveillon; & est auprès de la route, au M. de Brie-Comte-Robert, sur un pavé qui y communique. Senteny est à son N.-Ou., l'abbaye d'Yverneau au N.-E., à une lieue, sur le même ruisseau. On y trouve de la pierre coquilliere. Servon est du le diocése & de l'élection de Paris. Naiss. 11, mar. 3, mor. 8, feux 49.

Sevran, à trois lieues & demie à l'E. de Paris, & deux grandes lieues au N., est dans la plaine, quoique sur un petit ruisseau. Il a à l'E. & au M., la forêt de Bondy, & à l'Ou. la route qui communique celle de Senlis à celle de Meaux. Plusieurs fermes isolées rendent ce canton agréable. Ce lieu est dans le dioc. & l'élection de Paris, reſſort du Châtelet. Naiſſ. 8 , mar. 2 , mor. 5 ; feux 45.

Sevre, à deux lieues & un tiers à l'Ou. de Paris, eſt ſur la grande route de Paris à Verſailles. Il a Saint-Cloud au N., à demi-li.; Villedavré à l'Ou., à même diſtance, & Bellevue à l'E., dans un pareil éloignement. Il y a un pont de bois pour le paſſage de la riviere. De jolies maiſons ornent cet endroit. Ses environs offrent de la pierre meuliere & de la pierre à plâtre. Il eſt dans l'Iſle de Fran., dioceſe & élect. de Paris. Naiſſ. 93, mar. 24, mor. 76, feux 318.

Sognolles, à 7 petites lieues à l'E. de Paris, & 5 lieues au S., eſt ſur la riviere d'Yeres, ayant Solers à demi-lieue à l'E., Eſvry-les-Châteaux à l'Ou., à une lieue, & Liſſy à même diſtance, au M. Une Juſtice à trois pilliers eſt vis-à-vis, au S. de Sognolles. Dioceſe & élection de Paris. Naiſſ. 24, mar. 4, mor. 24, feux 126.

Soiſſy-ſous-Enguien, à quatre lieues & un tiers au N., eſt environné d'autres paroiſſes, comme de Montmorency à l'E., d'Eau-Bonne & Ermont à l'Ou., de Marigny au N., & de Saint-Gratien au M. De jolis bois & des parcs ſont dans ſon voiſinage. On y trouve de la pierre meuliere. Dioc. & élect. de Paris. Naiſſ. 10, mar. 2, mor. 9, feux 60.

Soiſy-ſous-Étiolle, à deux lieues à l'E. de Paris, & cinq lieues & un tiers au S., eſt ſur le chemin de Draveil à Etiolle, qui n'eſt éloigné que de demi-lieue de Soiſſy. Petit-Bourg eſt vis-à-vis, à l'Ou., de l'autre côté de la Seine : la forêt de Senart eſt au N. & à l'E., à un tiers de lieue. Iſle de France, dioceſe & élection de Paris, reſſort du Châtelet. Naiſſance 23, mar. 5, mor. 25, feux 137.

Solers, à ſept lieues à l'E. de Paris, & cinq grandes lieues au S., eſt ſur le côteau de la riviere d'Yeres, à quatre cents toiſes au M. de la route de Provins, une demi-lieue de Sognolles à l'Ou., & une li. de Coubert au N. Dans la Brie, dioceſe de Sens, généralité de Paris, élection de Melun. Naiſſ. 20, mar. 4, mor. 14, f. 56.

Souilly, à ſix lieues & un tiers à l'E. de Paris, & trois lieues & un quart au N., ſe trouve à la jonction de deux ruiſſeaux, au N. de Clayes, ſur la grande route de

Meaux. Il a Greffy au N., à demi-lieue; le bois de Mont-saigle est à son Ou.; ce bois contient plus de trois cents arpens. Souilly est dans la Brie, diocése de Meaux., gên. de Paris, élect. de Meaux, ressort du Châtelet.. Naiss. 6, mar. 2, mor. 7, feux 41.

Stains, à près d'une lieue à l'E. de Paris, & trois lieues au N., est près de la route de Saint-Denis à Go-nesse, qui passe à l'E.; il a Pierrefitte au N.-Ou., à une demi-lieue, ainsi que la route de Chantilly. Il y a un petit parc & de jolies avenues dans les environs de Stains. Diocése & élection de Paris, ress. du Châtelet. Naiss. 33, mar. 8, mor. 30, feux 188.

Suresne, à deux lieues à l'Ou. de Paris, & près d'une lieue au N., est sur le bord de la Seine, vis-à-vis de l'abbaye de Longchamp, où est un bac sur la riviere; a Puteaux au N., le Mont-Valérien à l'Ou., & St.-Cloud au M., à près d'une lieue. On y trouve de la pierre coquilliere. Diocése & élection de Paris, ressort du Châtelet. Naiss. 74, mar. 10, mor. 49, feux 337.

Sucy, à trois lieues & demie à l'E. de Paris, & près de deux lieues au S., se trouve entre Noiseau, à une demi-lieue à l'E.-N., & Bonneuil à trois quarts de lieue à l'Ou. Il voit Boissy au M., à même distance. Un che-min qui vient d'Amboile passe par Sucy pour se rendre dans celui de Brie-Comte-Robert. La pierre meuliere, le grès & le sable y abondent. Diocése & élection de Pa-ris, ressort du Châtelet. Naiss. 43, mar. 12, mor. 37, feux 211.

T

Taverny, à cinq lieues & demie au N. de Paris, & deux lieues à l'Ou., se voit sur le penchant de la hau-teur de la forêt de Montmorency, à demi-lieue de Bessan-court au N.. & presque une lieue de St.-Leu au M.. Plusieurs fermes & maisons particulieres ornent cet endroit. On y trouve de la pierre à plâtre & de la pierre meuliere. Dioc. & élect. de Paris. Naiss. 45, mar. 7, mor. 36, feux 255.

Tessancourt, à près de huit lieues à l'Ou. de Paris, & dix lieues au N., se trouve sur le penchant de la côte

d'un ruisseau qui va se jetter dans la Seine à Meulan, au
M. Il a Gaillon à l'Ou., à demi-lieue; Meulan à son M.,
à trois quarts de lieue, & Evequemont à même distance,
au S.-E. Tessancourt est dans la Beauce, diocèse de Chartres, gén. de Paris, élect. de Mantes. Naiss. 10, mar. 3,
mor. 10, feux 58.

Thiais, à une lieue à l'E. de Paris, & deux lieues au
S., se montre sur la côte qui borde la Seine. Il voit
Choisy-le-Roi à un quart de lieue à l'E.; Chevilly à une
lieue à l'Ou. un peu N. Thiais est sur un pavé particulier
qui part de la route de Fontainebleau pour aller à Choisy-
le-Roi. A son E. on trouve de la pierre meuliere. Diocèse
& élection de Paris, ressort du Châtelet. Naiss. 21, mar. 1,
mor. 33, feux 111.

Thieux, à six lieues & un quart à l'E. de Paris, &
près de cinq lieues au N., sur le bord d'un ruisseau, est
au bout d'une chaussée qui part de celle qu'on fait communiquer à la route de Meaux. Juilly est à l'E., Compans au M., & Villeneuve au N. Dans la Brie, diocèse
de Meaux, gén. de Paris, élect. de Meaux, ressort du
Châtelet. Naiss. 14, mar. 2, mor. 15, feux 71.

Thoiry, à dix lieues à l'Ou. de Paris, & trois quarts
de lieue au N., est à demi-lieue de la route de Maulle
à Chartres, & laisse Marcq à une demi-lieue à l'E. Thoiry
est au bas d'un tertre où se trouve aussi Marcq. Ce lieu
de Thoiry est dans la Beauce, diocèse de Chartres, gén.
de Paris, élect. de Montfort. Naiss. 9, mar. 2, mor. 11,
feux 62.

Tiverval, à sept lieues très-fortes à l'Ou. de Paris,
& un tiers de lieue au N., se trouve sur un des bras de
la Maudre, ayant Davron au N., Beine à l'Ou., & St.-
Germain au M., tous trois à deux tiers de lieue de lui.
A son S. & tout auprès, passe le chemin de Villepreux
à Beine. Dans la Beauce, diocèse de Chartres, généralité de Paris, élection de Montfort. Naiss. 21, mar. 4,
mor. 21, feux 66.

Torcy, à six lieues à l'E. de Paris, & une demi-lieue
au N., paroît auprès de Saint-Germain-les-Noyers, &
de la chaussée qui y passe. Il y a là un parc, un château,
& un prieuré-femmes de Bénédictines. Torcy est dans la

Brie ; diocèse & élection de Paris, ressort du Châtelet. Naiss. 22 , mar. 3, mor. 19 , feux 140.

Torigny & les *Fourneaux*, à sept lieues à l'E. de Paris, & une lieue & demie au N. , est tout auprès & au N. de Lagny-sur-Marne : il a Dampmart à son E. , Pomponne à l'Ou. , & au N. la côte qui borde la Marne. Il est dans la Brie , diocèse & élection de Paris , ressort du Châtelet. Naiss. 21 , mar. 4 , mor. 18 , feux 137.

TOURNAM, Bourg à huit lieues à l'E. de Paris , & deux lieues & demie au S. , sur la route de Rosoy, est une justice royale, ressortissante à la prévôté & vicomté de Paris. Il est dans la Brie, diocèse de Meaux, gén. de Paris , élection de Rosoy , ressort du Châtelet. Naiss. 46 , mar. 9, mor. 40, feux 78.

Toussu , à quatre bonnes lieues à l'Ou. de Paris , & deux lieues & demie au S. , est un village en plaine , au N. de Châteaufort. Il a Magny à son Ou. , & Saclé à l'E.-S. Deux étangs sont au N. , & plus loin le village des Loges. Diocèse & élection de Paris. Naiss. 2 , mar. 1 , mor. 2 , feux 19.

Trapes , à six lieues à l'Ou. de Paris , & une lieue & demie au S. , est à la jonction de plusieurs belles routes ; le bois qui porte son nom est au M. , à demi-lieue : Montigny est à l'E.-S. , à même distance ; Elancourt à l'Ou. , à trois quarts de lieue. Ce canton est un pays de chasse. La forêt est en totalité d'environ deux mille arpens. Trapes est dans la Beauce , diocèse de Chartres , gén. de Paris , élect. de Montfort. Naiss. 25 , mar. 4 , mor. 36 , feux 117.

Tremblay (*Grand*), à quatre lieues à l'E. de Paris , & autant au N. , a Villepinte à l'Ou.-S. , la Ville-aux-Aunes au S.-E. , Roissy au N.-Ou. , à une lieue. Cet endroit offre d'agréables avenues. Il est en plaine, diocèse & élection de Paris , ressort du Châtelet pour les cas présidiaux. On y trouve de la marne. Naiss. 25 , mar. 9 , mor. 26 , feux 177.

Tremblay (*Petit*), n'est qu'une succursale de Tremblay-le-Grand. (Voyez ce dernier article).

TRIEL, à six lieues & un quart à l'Ou. de Paris , & quatre lieues au N. , est un Bourg qui se trouve sur la route de Poissy à Meulan , desquels il est presque également

ment éloigné : il a Chanteloup à son E., à demi-lieue ;
Vaux à une lieue à l'Ou., sur la même route. La Seine
forme plusieurs iles vis-à-vis de lui, à deux cents toises.
Il a aussi un petit château. On trouve dans ce canton des
carrieres à plâtre & des pierres meulieres. Triel est dans
le Vexin François, diocèse de Rouen, gén. & élection de
Paris. Naiss. 70, mar. 13, mor. 64, feux 359.

Trilbardou, à près de neuf lieues à l'E. de Paris, &
trois lieues au N., est sur le bord E. de la Marne, & y
a un bac. Il voit Vignely au M., à demi-lieue ; la route
de Meaux passe au N., à même éloignement, & Char-
mantre est à son Ou., à une lieue. Trilbardou est dans
la Brie, dioc. de Meaux, gén. de Paris, élect. de Meaux
ress. du Châtelet. Naiss. 13, mar. 5, mor. 19, feux 100.

V.

*V*aires, à six petites lieues à l'E. de Paris, & une lieue
au N., est sur le bord de la Marne. Il a des petits bois
au N., des prairies au M., qui sont celles de Chelles :
Pompônne est à l'E.-S., Brou au N., & Torcy au M.,
par-delà la Marne. On y trouve de la pierre coquilliere
& du quariz. Vaires est du diocèse & de l'élect. de Paris.
Naiss. 5, mar. 1, mor. 3, feux 17.

Valenton, à deux lieues & demie à l'E. de Paris, &
au.ant au S. Il se trouve presque à la jonction de deux
routes, dont l'une va à Meulan, & l'autre à Brunoy : il
touche Limeil vers le S. Le château de Brevane est à
l'E., & Villeneuve-Saint-Georges à l'Ou., à une forte
lieue de l'autre côté de la riviere. Ses environs offrent
des coquilles fossiles roulées. Valenton est en plaine.
Diocèse & élection de Paris, ressort du Chât. Naiss. 17,
mar. 3, mor. 12, f. 83.

Vanves, à une lieue à l'Ou. de Paris, & une demi-
lieue au S., se trouve auprès & au M. d'Issy, sur le
penchant d'une petite côte, à une demi-lieue de Montrouge à l'E., & autant de la Seine, à l'Ou. Il a au N.
un fort beau château. Le beurre qu'on y fait est fort
estimé. Il a de la glaise & de la pierre coquilliere. Il est
dans l'Isle de France, diocèse & élection de Paris. Naiss.
78, mar. 11, mor. 44, feux 304.

Varenne-Jarcy, à quatre bonnes lieues à l'E. de Paris, & autant au S., est sur la côte & près de la riviere d'Yeres ; à Combs-la-Ville au M., & Quincy à l'Ou., tous deux à même distance d'une demi-lieue. Il a Brie-Comte-Robert à une lieue E.-N. C'est un canton à pierre coquilliere. Varennes est dans l'Isle de France, diocése & élection de Paris. Naiss. 8 , mar. 1 , mor. 10 , feux 37.

Vaucresson, à trois lieues à l'Ou. de Paris, se trouve sur la route de Saint-Cloud à Roquencourt. Il est entouré du bois des Hubiés, & de ceux des Fausses - Reposes : Saint-Cloud est à son E., Roquencourt à l'Ou., & au N. sont encore différens bois. Ce village est en plaine, diocése & élection de Paris. Naiss. 3 , mar. 1 , mor. 4 , feux 38.

Vauderlan, à trois petites lieues à l'E. de Paris, & quatre bonnes lieues & demie au N., se trouve sur la route de Paris à Senlis. Son voisinage offre Boissy à demi-lieue à l'E., le Thilay à l'Ou., à sept cents toises ; Goussainville au N.-Ou., à demi-lieue, & le bourg de Gonesse au S.-Ou., à une lieue. Les environs en sont agréablement variés. Diocése & élection de Paris, ressort du Châtelet. Naiss. 4 , mar. 2 , mor. 4 , feux 26.

Vaugirard, à une lieue & demie à l'Ou. de Paris, & sous le Méridien, est trop près de la capitale pour ne pas être fréquenté par le peuple. Il est sur la route d'Issy & de Meudon. Il y a quelques parties de vignes, mais le vin n'en est point estimé. Il est à une grande demi-lieue de la Seine, à l'Ou., & à Issy & Vanves au M. On y trouve de la pierre calcaire & de la glaise. Diocése & élect. de Paris, ressort du Châtelet. Naiss. 121 , mar. 21 , mor. 212 , feux 190.

Vauhallan, à presque deux lieues & demie à l'Ou. de Paris, & près de trois lieues au S., est à la source d'un des bras de la riviere de Bievres ; ayant Igny au N., à demi-lieue, avec un bois qui s'étend vers le N.-Ou. ; & Villeginis à même distance, à l'E. : à l'Ou. se trouve Saclé, & au M. un petit bois de quatre cents arpens environ. On y trouve du grès & du silex. Diocése & élection de Paris ; ress. du Châtelet. Naiss. 11 , mar. 3 , mor. 13 , feux 47.

Vaujours, à quatre fortes lieues à l'E. de Paris, &

deux lieues & demie au N. , est un endroit environné de
parties de bois, & de hameaux qui en ornent le voisinage.
Il a la route de Meaux au N. , une justice, un château
& un parc. Sevran n'en est éloigné à l'Ou. que de trois
quarts de lieue , & Ville-Parisis d'une lieue à l'E. , sur la
grande route. Il y a de la pierre à plâtre. Vaujours est du
Diocèse & de l'élection de Paris , ressort du Châtelet.
Naiss. 15 , mar. 4 , mor. 10 , feux 118.

Vauréal , autrefois *Lieux* , à cinq lieues & demie à
l'Ou. de Paris , & autant au N. , se trouve sur le bord de
l'Oise , au bas de la côte : des routes de communications
y conduisent. Il a Courdimanche à l'Ou. , Boisemont au
S.-Ou. , & Jouy-les-Moustiers au M. , tous trois à une
petite lieue d'éloignement. Vauréal a un château. Un
bois d'environ cent arpens est à son N. Diocèse &
génér. de Paris , élection de Pontoise. Feux 140.

Vaux , à sept lieues à l'Ou. de Paris , & cinq lieues
au N. , village sur la route de Poissy à Meulan , au bas
de la côte ; ayant Evêquemont à l'Ou. & tout près ; Meulan du même côté , à une bonne lieue. Il est vis-à-vis de
deux îles que la Seine forme en cet endroit. Il est dans la
Beauce , diocèse de Chartres , gén. de Paris , élect. de
Mantes , ressort du Châtelet. Naiss. 28 , mar. 7 , mor. 21 ,
feux 144.

Vaux-de-Cernay , Abbaye , ordre de Cîteaux , est à
trois quarts de lieue à l'Ou. du village de Cernay-la-
Ville. La forêt qui la couvre au N. & à l'E, est d'environ
sept cent trente arpens. Canton à pierre meulière. Du
diocèse & de l'élection de Paris.

Velisy , à près de trois lieues à l'Ou. de Paris , & une
lieue & demie au S. , paroît près du bois de Virofley &
de Chaville , à quatre cents toises au N. de la route de
Sceaux à Versailles. Au S. & à l'Ou. , il a aussi de charmans bois qui le font participer aux agrémens de tous ces
environs de Versailles. Ce village est en plaine , diocèse
& élection de Paris , ressort du Chât. Naiss. 5 , mar. 2 ,
mor. 6 , feux 21.

Verneuil , à six lieues trois quarts à l'Ou. de Paris , &
quatre lieues au N. , se découvre dans la plaine , entre la
Seine & les hauteurs environnantes , à un quart de lieue
à l'E. de la rivière. Au M. il a Vernouillet à demi-lieue ,

à l'Ou. le bois de Verneuil , & un étang qui se trouve
entre le bois & le village. On y trouve du granit roulé.
Verneuil est dans la Beauce , diocèse de Chartres , génér.
de Paris , élection de Mantes , ress. du Châtelet. Naiss. 20,
mar. 5 , mor. 16 , feux 156.

Verneuil , à neuf lieues à l'E. de Paris , & cinq lieues
& demie au S. , est un village en plaine , avec château ;
à la naissance d'un petit ruisseau qui fait tourner plusieurs moulins ; ayant Beauvoir à l'E. , à demi - lieue ,
Guigne à une lieue à l'Ou. , & l'Etang presqu'au M. Il
est dans la Brie , diocèse de Meaux , généralité de Paris ,
élection du Rosoy. Naiss. 7 , mar. 2 , mor. 15 , feux 32.

Vernouillet , à six lieues & demie à l'Ou. de Paris ,
& trois lieues & demie au N. , se trouve au bas de la
côte qui borde la Seine. Il voit Triel à son E.-N. , de
l'autre côté de la riviere ; Medan au M. , l'un & l'autre à
demi-lieue , & Verneuil au N. , à un quart de lieue. Ses
environs donnent de la pierre coquilliere. Diocèse & élect.
de Paris , ressort du Châtelet. Naiss. 27 , mar. 7 , mor.
19 , feux 235.

Verrières , à deux lieues & demie au S. de Paris , &
une très-grande lieue à l'Ou. , se trouve situé sur le penchant d'une côte , sur le plateau de laquelle est le bois
appellé bois de Verrières , d'environ neuf cents arpens ,
où les Princes chassent souvent. Ce bois offre beaucoup
de grès & de sables. Verrières a Chatenay à une lieue
au N. , Antony à l'E. , Massy au M. , & le bois à l'Ou.
Il est du diocèse & de l'élection de Paris , ressort du
Châtelet. Naiss. 32 , mar. 6 , mor. 34 , feux 184.

VERSAILLES , séjour ou résidence de nos Rois ,
Ville , château royal & prévôté , dans l'Isle de France ,
diocèse & élection de Paris , ressort du Châtelet pour les
cas présidiaux , est aujourd'hui une Ville considérable. La
position du clocher de sa chapelle est à quatre lieues à
l'Ou. de Paris , & une petite lieue au S. Il a deux paroisses , Notre-Dame & Saint-Louis , avec un couvent
de Récolets. On trouve dans ses environs de la pierre
meuliere & du sable. Il y a une fontaine minérale , froide.
Naiss. 1652 , mar. 409 , mor. 1392 , feux 7734.

Vic , à neuf lieues & demie à l'Ou. de Paris , & une
demi-lieue au S. , se trouve près d'un des bras de la

Maudres, à demi-lieue de Neauphle-le-Vieil à l'E.,
même distance de Saint-Aubin, au S., & de la route de
Dreux. Un côteau domine Vic. Dans la Beauce, diocèse
de Chartres, généralité de de Paris, élection de Montfort.
Naiss. 6, mar. 2, mor. 6, feux 35.

Vieille-Eglise, à huit lieues & demie à l'Ou. de Paris,
& quatre lieues & demie au S., est tout près à l'E. d'un
petit canal d'une lieue & demie de long, qui fait communiquer trois étangs, dont deux sont à ses extrémités.
Vieille-Eglise qui a la forêt des Yvelines au M., à un
quart de lieue ; celle de Rambouillet à l'Ou., & le village de Peray au N., à une lieue, est dans la Beauce,
diocèse & généralité de Paris, élection de Montfort-
l'Amaury. Naiss. 6, mar. 2, mor. 13, feux 36.

Vignely, à huit bonnes lieues à l'E. de Paris, & deux
lieues & demie au N., est situé sur le bord de la Marne,
au bas de la côte. Il a Trilbardou au N., les îles Villeroy au M., à trois quarts de lieue. Ce village n'est entouré d'aucun objet de remarque. Il est dans la Brie,
diocèse de Meaux, génér. de Paris, élection de Meaux.
Naiss. 3, mar. 1, mor. 1, feux 10.

Vigneux, à près de quatre lieues au S. de Paris, &
une lieue & demie à l'E., se découvre entre Montgeron
à l'E.-N., & Draveil au M., où un vaste cercle est pra-
tiqué dans la magnifique avenue de Draveil à Montgeron. Le coup-d'œil sur la Seine, à un quart de lieue, &
le voisinage de leur parc, rendent ce canton très-agréable. Vigneux a un château. On y rencontre de la pierre
meulière, du granit & du silex. Il est du diocèse & de
l'élect. de Paris. Naiss. 4, mar. 1, mor. 3, feux 5.

Vilaine-en-France, à six lieues & un tiers à l'Ou. de
Paris, & près de 3 lieues au N., est un village avec
château, sur le bord de la Seine, & vis-à-vis d'une île
où l'on communique par un pont. Vilaine est au M. de
Medan, & à demi-lieue au N. de la petite route de
Saint-Germain à Meulan. Poissy en est éloigné d'une
lieue à l'E., en contournant la rivière. Vilaine a de la
pierre meulière & à plâtre, du sable, du talc & du
caillou. Diocèse & élection de Paris, ress. du Châtelet.
Naiss. 13, mar. 4, mor. 20, feux 110.

Vilbon, à trois lieues deux tiers au S. de Paris, & une

lieue & demie à l'Ou., est sur la côte & près d'un petit ruisseau qui forme une espèce d'ile avec l'Yvette : une chaussée communique de l'un à l'autre. Vilbon est à demi-lieue de Champlan, au N.-E., & à même distance au S.-E. de Sceaux-les-Chartreux. Il y a un château. On y trouve de la pierre meuliere & du sable. Diocése & élection de Paris, ress. du Chât. Naiss. 17, mar. 6, raor. 19, feux 128.

Vill-cresne, à trois lieues & demie à l'F. de Paris, & autant au S. Ce village est sur la hauteur, & un bout de chaussée traverse le ruisseau le Reveillon au M., pour en faciliter le passage. Villecresne a Gros-Bois au N., à trois quarts de lieue, & les bois des environs : Senteny est à l'E., & Mandres au M., l'un & l'autre à une petite lieue. Les Camaldules sont à une petite lieue à l'Ou. On y voit de la pierre meuliere. Villecresne est du diocése & de l'élect. de Paris. Naiss. 17, mar. 5, mor. 14, feux 108.

Villedravré, à deux lieues deux tiers à l'Ou. de Paris, & un quart de lieue au S., se montre sur la route de Sèvre au bois des Fausses - Reposes ; ayant Marne à un quart de lieue presqu'au N., Sèvre à l'E., à une demi-lieue ; le bois de Saint-Cloud au N., & au M. ceux des Fausses-Reposes. Tous ces environs ne peuvent être que très-agréables. Il a de la pierre meuliere & à plâtre. Diocése & élection de Paris. Naiss. 17, mar. 1, mor. 17, feux 72.

Ville-du-Bois, à cinq lieues au S. de Paris, & une grande lieue à l'Ou., est entre deux côteaux, & près de la chaussée qui passe d'Orléans à l'E. Il a Nosay à l'Ou., à demi-lieue ; à l'F. Monthléry, à une lieue au M., & Chapelle-Vil'iers au S.-E. De petits bois sont sur la côte, au N. & au M. Ce canton est abondant en grès & en sable. Diocése & élect. de Paris. Naiss. 20, mar. 4, mor. 16, feux 157.

Villejuif, à une lieue un quart au S. de Paris. Il est dans la plaine, sur la route de Fontainebleau : plusieurs chemins conduisent de là aux villages circonvoisins. Chevilly est au S., à une petite lieue, & l'Hay au S.-Ou., à même distance ; Arcueil au N.-Ou., & Vitry à l'E., à une lieue. Il a de la pierre meuliere & coquilliere. Dans le diſtrict de ce lieu ſe trouve le prieuré des Filles de la Sauſſaye. Diocéſe & élection de Paris, reſſort du Chât. Naiſſ. 48, mar. 9, mor. 36, feux 224.

Vellejuſt, à quatre grandes lieues au S. de Paris, & près de deux à l'Ou., eſt dans la plaine ; ayant Villar-ſeau au M., à démie-lieue ; Saux-les-Chartreux à l'E.-N., à trois quarts de lieue, & Palaiſeau à une grande lieue au N. Quelques petits bois l'environnent, & du côté de l'E. regne un côteau qui domine agréablement le canton. Dioc. & élect. de Paris. Naiſſ. 13, mar. 3, mor. 8, feux 57.

Villemoiſſon, à quatre lieues & deux tiers au S. de Paris, ſe trouve ſur la route tournante de Juviſy, Epi-nay, Morſan & Grigny. Au N., & tout auprès, paſſe la riviere d'Orges, & Epinay eſt de ce côté, à un quart de lieue : Morſan eſt à l'E., & au M. ſe voit la forêt de s'Eſtigny. Diocéſe & élection de Paris, reſſ. du Chât. Naiſſ. 6, mar. 1, mor. 3, feux 33.

Villemonble, à trois lieues à l'E. de Paris, & une grande lieue au N., ſe trouve ſur la route de Montreuil, Roſny & Gagny ; a la forêt de Bondy qu'il touche au N. ; Gagny à l'E., à demi-lieue ; Roſny au S.-Ou., & à même diſtance. Diocéſe & élection de Paris. Naiſſ. 12, mar. 2, mor. 8, feux 46.

Villeneuve-le-Comte, à 9 lieues à l'E. de Paris, eſt un village en plaine, environné de la forêt de Crecy à l'E. & au S. ; ayant une jolie avenue qui conduit au château de la Pointe-le-Comte. Il eſt à une lieue de Villeneuve-Saint-Denis à l'Ou., & à une lieue de Bailly, au N. La partie de la forêt de Creſſy, ſur cette feuille, eſt d'en-viron trois mille trois cents arpens. Diocéſe de Meaux, gén. de Paris, & élection de Meaux. Naiſſ. 27, mar. 5, mor. 19, feux 91.

Villeneuve-le-Roi, à trois quarts de lieue à l'Ou. de Paris, & deux lieues trois quarts au S., eſt un village ſur le haut d'une côte, qui rend agréable l'aſpect du canton. Des avenues y conduiſent de la route de Fon-tainebleau & de Choiſy. Il a Orly tout près, au N. ; Ablon au M., à demi-lieue. Villeneuve qui eſt à trois quarts de la Seine, à l'E., a un parc & un château. On y trouve du granit roulé & des coquilles foſſiles. Dioc. &

éleɕt. de Paris , reſſ. du Chât. Naiſſ. 16 , mar. 6, mor. 14, feux 111.

Villeneuve-Saint-Denis , à huit lieues & demie à l'E. de Paris , eſt dans une plaine parſemée de petits bois , & de hameaux ou châteaux. Il a Villeneuve-le-Comte à l'E. , à une demi-lieue ; un côté des bois d'Armainvilliers eſt à l'Ou. , & au M. la forêt de Creſſy. Diocéſe & éleɕt. de Paris. Naiſſ. 9 mar. 3 , mor. 14, feux 54.

Villeneuve-Saint-Georges , à trois lieues au S. de Paris , & deux lieues à l'E. , eſt regardé comme ville. Il eſt ſur la Seine , à une demi-lieue au N. du village de Croſne ; a Villeneuve-le-Roi à l'Ou. , Valenton au N.-E. : les bois d'Yeres ou de Gros-Bois à l'E. Cette petite ville , où l'on trouve de la pierre meuliere , eſt dans l'Iſle de France diocéſe , & élection de Paris , reſſort du Châtelet. Naiſſ. 34 , mar. 8 , mor. 32 , feux 190.

Villeneuve-ſous-Dammartin , à cinq lieues & demie à l'E. de Paris , & autant au N. , ſe trouve ſur la route de Paris à Soiſſons , eſt à une lieue de Dammartin au N.-E. ſur la même route ; à une lieue de Saint-Mard à l'E. , & à une demi-lieue de Mouſſy-le-Vieil. Il part de ce village une avenue d'une lieue de long, qui communique à une chauſſée au M. Il eſt du diocéſe de Meaux , général. de Paris , & de l'éleɕt. de Meaux , reſſort du Châtelet. Naiſſ. 12, mar. 2 , mor. 16 , feux 78.

Villenoy , à près de dix lieues à l'E. de Paris , & trois lieues au N. Il eſt ſur le bord de la Marne , à l'endroit où vient s'y jetter un ruiſſeau qui coule au M. Il eſt éloigné de Mareuil d'une demi-lieue au S. , & de Trilbardou d'une grande lieue à l'Ou. Villenoy eſt du diocéſe de Meaux, gén. de Paris , éleɕt. de Meaux. Naiſſ. 10, mar. 3 , mor. 10 , feux 80.

Ville-Pariſis , à cinq lieues à l'E. de Paris, & près de trois lieues au N. , ſe trouve ſur la route de Paris à Meaux , entre le bois de Montſaigle à l'E. , & celui de Saint-Denis à l'Ou. ; au M. ſont ceux de Mulot, d'à-peu-près cent arpens. Ville-Pariſis eſt du diocéſe & de l'élection de Paris. Naiſſ. 12 , mar. 1 , mor. 14 , feux 108.

Villepinte , à trois lieues & demie à l'E. de Paris , & autant au N. Ce lieu eſt en plaine, ſur un petit ruiſſeau ;

un nombre étonnant de belles avenues dans tous les sens ; viennent s'y rendre, & en font une espece de jardin. Il voit Tremblay au N., à trois quarts de lieue ; Sevran au M., à une bonne lieue ; les bois de Saint-Denis à l'E., ainsi que la Villette-aux-Aunes. Diocèse & élection de Paris, ressort du Châtelet. Naiss. 8, mar. 4, mor. 6, feux 59.

Villepreux, à six lieues à l'Ou. de Paris, est sur la route de Dreux, à trois quarts de lieue de Rennemoulin à l'E. ; ayant les Clayes sur une éminence, à une lieue presqu'au M. Auprès est le prieuré des Bordes. Villepreux est du diocèse & élect. de Paris. Naiss. 30, mar. 9, mor. 33, feux 153.

Villeroy, à deux grandes lieues à l'E. de Paris, & quatre lieues au N. Ce village est dans la plaine, ayant à l'Ou. un petit bois, au S.-Ou. Charny, à trois quarts de lieue, & au M. un joli château avec un parc. Il est dans la Brie, diocèse de Meaux, généralité de Paris, élection de Meaux, ressort du Châtelet. Naiss 13, mar. 4, mor. 33, feux 70.

Villiers-le-Bacle, à près de quatre lieues à l'Ou. de Paris, & trois bonnes lieues au S., se trouve en plaine, sur une petite côte ; a Saclé à l'E., à une lieue ; Châteaufort à l'Ou., à une grande lieue, & Gif au M., à un peu moins de distance. Un étang assez considérable est à l'E. On y trouve de la pierre meuliere. Diocèse & élect. de Paris, ress. du Châtel. Naiss. 5, mar. 2, mor. 6, feux 131.

Villetaneuse, à trois lieues & un tiers au N., est près de la route de Saint-Denis à Beaumont, à l'E., & celle de Saint Denis à Montmorency ; à trois quarts de lieue de Stains à l'E., autant de Saint-Denis au M., & un peu plus d'Epinay-sur-Seine. Il a un petit château & un parc. Ses environs offrent une fontaine plâtreuse. Diocèse & élection de Paris. Naiss. 8, mar. 1, mor. 7, feux 50.

Villiers-la-Garenne, à une grande lieue à l'Ou. de Paris, & une lieue & demie au N., est en plaine, entre Neuilly, au M., & Clichy au N., à une grande demi-lieue. La Seine est auprès, à l'Ou. & la chaussée du bois de Boulogne à Saint-Denis à l'E., à une demi-lieue.

Il s'y trouve de la pierre coquillicre. Diocèfe & élection de Paris. Naiff. 76, mar. 17, mor. 41, feux 228, y compris Neuilly.

Villiers-le-Secq, ou *fur Marne*, à près de quatre lieues à l'E. de Paris, & un quart de lieue au S., eft fur la route de Saint-Maur à Ferrieres, près de la fource d'un ruiffeau; ayant Brie - fur - Marne à l'Ou.-N., à demi-lieue; Champigny à une lieue au M., & le bois Saint-Martin au S.-E. Diocèfe & élection de Paris, reffort du Châtelet. Naiff. 20, mar. 3, mor. 21, feux 146.

Villiers-le-Bel, à cinq lieues au N. de Paris, & à une lieue à l'E., fe rencontre en plaine & fur la route de Chantilly, au M., & à une demi-lieue d'Ecouen. Il eft au N. de Sarcelles, à demi-lieue. Un joli bois le couvre à l'E. Diocèfe & élection de Paris, reffort du Châtelet. Naiff. 43, mar. 14, mor. 49, feux 308.

Vinante, à fept lieues & demie à l'E. de Paris, & cinq lieues au N., fe trouve dans un vallon, à la naiffance d'un ruiffeau. Il a le Pleffis - du-Bois à l'E.-S., à trois quarts de lieue; Juilly à l'Ou., à même diftance; au N., à une demi-lieue, eft un grand bois, au-deffus de Montgé. Vinante eft dans la Brie, diocèfe de Meaux, généralité de Paris & élect. de Meaux, reffort du Chât. Naiff. 8, mar. 2, mor. 8, feux 41.

Vincennes, 385 feux, y compris la Piffotte, fa paroiffe.

Viry, à près de cinq lieues au S. prefque direct de Paris, fe trouve au haut d'une côte, dans la plaine il a Morfan à l'Ou.-S.; Grigny à même diftance, au M.; à l'E., à un quart de lieue, paffe la route de Fontainebleau. Diocèfe & élection de Paris, reffort du Châtelet. Naiff. 14, mar. 1, mor. 12, feux 63.

Viroflay, à trois lieues à l'Ou. de Paris, & une lieue au S., fe trouve fur une des routes de Verfailles à l'Ou., à une lieue: Chaville eft à l'E.; Velify à l'E.-S., à une lieue. Des bois d'environ fix cens arpens, & autres objets, embelliffent le voifinage. On y trouve de la glaife. Il eft du diocèfe & de l'élect. de Paris. Naiff. 28, mar. 10, mor. 33, feux 128.

Viry - fur - Seine, eft à une lieue à l'E. de Paris, & une grande lieue au S.; entre Ivry, à trois quarts de lieue au N., & Choisy au M., à une grande lieue. Ce lieu est un petit Bourg : il a deux paroisses. Les environs sont agréables, & ce Bourg est plein de jolies maisons. Diocèse & élection de Paris, ressort du Châtelet. Naiss. 76, mar. 20, mor. 54, feux 381.

Vissous, à trois lieues au S. presque direct de Paris, est à la source d'un petit ruisseau ; ayant Fresnes à une lieue au N., & Morangis à même distance au M. Il est en plaine : la route d'Orléans passe à l'Ou., à demi-lieue. Diocèse & élect. de Paris, ressort du Châtelet en partie. Naiss. 33, mar. 9, mor. 26, feux 49.

Voisins-le-Bretonneux, à cinq grandes lieues à l'Ou. de Paris, & deux lieues au S., se rencontre sur la route de Guyencourt, au N., à une lieue, & de Port-Royal, à même distance, au M.-Ou. Le bois de Trapes est à l'Ou., à une demie-lieue. Ce village est en plaine, & a peu de voisinage. Diocèse & élection de Paris. Naiss. 9, mar. 2, mor. 7, feux 32.

Y.

Yebles, à huit lieues à l'E. de Paris, & cinq lieues & demie au S., se trouve au milieu de la plaine ; a Guigne à l'E., à demi-lieue, sur la route de Provins, & la rivière d'Yeres au N., à un quart de lieue. Il est du diocèse & de la généralité de Paris, élect. de Melun. Naiss. 15, mar. 5, mor. 13, feux 184.

Yeres, à près de trois lieues à l'E. de Paris, & trois lieues & demie au S., se trouve sur la rivière du même nom : il est sur la chaussée de Limeil à Brunoy, dont il est éloigné d'une lieue au M. : Crosne est à même distance à l'Ou. Les Camaldules sont à l'E., auprès, & l'abbaye d'Yeres, ordre Saint-Benoît, au M., à un quart de lieue. Ce canton abonde en pierres meulières. Diocèse & élection de Paris. Naiss. 26, mar. 5, mor. 23, feux 154.

Yverneau, Abbaye à cinq lieues à l'E. de Paris, & trois lieues au S., est tout près de Ferolles à l'E., sur le Réveillon, ruisseau : Servon en est à une lieue, au M., & Lesigny à demi-lieue au N. Un château & de

Jolis bois ornent ce canton. Cette Abbaye est d'hommes, ordre Saint-Augustin.

Yvette, à près de huit lieues à l'Ou. de Paris, & trois lieues & un tiers au S., est aussi une Abbaye, près de la source de la riviere de ce nom : elle est à un quart de lieue au N. de les Lays, à près d'une lieue de Maincourt à l'E. : elle a les Essarts & un petit bois à l'Ou., Yvette est une Abbaye d'hommes.

TOTAL { des Feux . . . . 76,306.
des Naissances . 14,354.
des Mariages . . 3,661.
des Morts . . . . 12,009.